이승만 다시 보기

이승만 다시 보기

초판 1쇄 발행_ 2011년 03월 04일
초판 6쇄 발행_ 2024년 03월 04일

엮은이_ 인보길
펴낸이_ 안병훈

펴낸곳_ 도서출판 기파랑
등록_ 2004. 12. 27 | 제 300-2004-204호
서울시 종로구 동숭동 1-49 동숭빌딩 301호
편집 02) 763-8996 | 영업마케팅 02) 3288-0077 | 팩스 02) 763-8936

이메일 info@guiparang.com
홈페이지 www.guiparang.com

ISBN_ 978-89-6523-982-6 03300

뉴데일리 이승만연구소 총서 |1|

이승만 다시 보기

인보길 엮음

기파랑

사진 왼쪽부터 | 이승만이 미국대통령 데오도어 루즈벨트를 회견했을 때 외교관으로 정장한 모습 (1905. 8).
상해 체재 시 중국옷으로 변장한 이승만의 모습(1921. 4. 9).
제네바 국제연맹 본부 앞에 선 이승만(1933. 5. 2.).
24세-고종 폐위음모 혐의로 종신형.(1898).

왼쪽 위 | 35세- 프린스턴대 정치학 박사(1910).
왼쪽 아래 | 44세-대한민국임시정부 초대 임시대통령. '대한공화국 대통령(한성정부)' 이승만의 공식 사진 (1920). 1919년 3·1운동 후 국내외에서 수립·선포된 여러 곳의 임시정부에서 정상급 지도자로 거명됨. 'Republic of Korea' 국호 만듦.
오른쪽 | 73세-대한민국 건국대통령.

이승만의 옥중동지들. 왼쪽 중치수 복장을 하고 있는 이가 이승만이다. 앞줄 왼쪽부터 강원달, 홍재기, 유성준, 이상재, 김정식. 뒷줄 왼쪽부터 안명선(안경수의 아들), 김린, 유동근, 이승인(이상재의 아들), 그리고 부친 대신 복역했던 어느 소년.

동부전선 시찰 시 지프에 올라 즉흥 연설을 하고 있는 이 대통령(1951년).

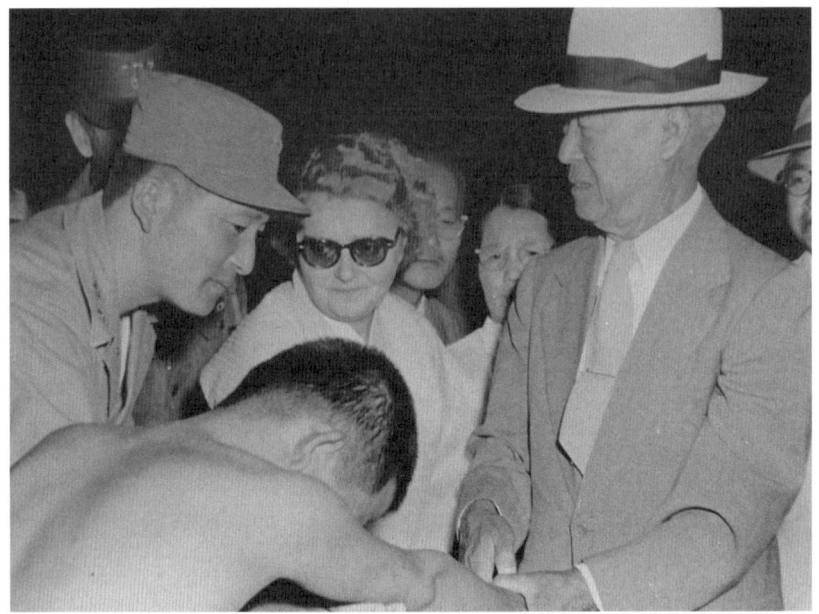

6·25전쟁이 끝나가는 1953년 7월, 북한에서 돌아온 국군포로들을 문산까지 나가 맞이 하는 이 대통령 내외.

왼쪽 | 미국을 공식 방문한 이승만 대통령이 미 상하 양원 합동회의에서 연설하는 장면. 이 대통령은 여기서 기립박수를 포함 모두 33회의 박수를 받았다(1954. 7. 28).
오른쪽 | 첫 판유리 생산품. 우리나라 최초의 판유리 생산품을 살펴보는 이 대통령 (1958. 1. 10).

이승만 대통령이 우리나라 최초의 시멘트 시제품을 살펴보고 있다. 왼쪽부터 문경시멘트 이정림, 상공장관 김일환, 그리고 오른쪽은 대한시멘트 이동준 (1957. 11. 27).

국내 최초 연구용 원자로인 TRIGA MARK II 기공식에서의 이승만(1959.7.14)

차례

머리말
이승만의 누명과 대한민국의 운명 · 12
인보길 | 〈뉴데일리〉 발행인 |

대한민국은 위대한 아버지를 버렸다 · 16
김길자 | 대한민국사랑회 회장 |

건국대통령 이승만의 7대 업적
자유민주헌법, '독도는 우리 땅' 교육 혁명 · 21
유영익 | 한동대학교 석좌교수 |

이승만의 1923년 '공산당의 당부당當不當' 논설
레닌혁명 직후 소련 공산주의 낱낱이 비판 · 27
손세일 | 언론인 |

'좌우합작' 거부로 한국 공산화 막았다
미美 온갖 협박에도 "공산당과 손 못 잡아!" · 33
이주영 | 건국대 사학과 명예교수 |

김대중·노무현 정권 10년 대한민국의 수모
그들은 이승만을 역사에서 지우려했다 · 39
양동안 | 한국학중앙연구원 명예교수 |

위대한 조선인이어서 위대한 세계인이 된 이승만
미국 대통령 앞에서 "저런 고얀 사람이 있나!" · 45
조갑제 | 조갑제 닷컴 대표 |

이승만은 미국과 이렇게 싸웠다
"한미 방위조약 안 맺으면 단독 북진" · 51
이도형 | 〈한국논단〉 대표 |

30만 달러 현상 붙은 사나이 · 57
〈뉴데일리〉 편집부

옥중집필 명저名著 『독립정신』은 어떤 책?
29세 때 이미 대통령 철학 완성했다 · 60
김효선 | 〈한국논단〉 편집위원 |

인생 바꾼 한성감옥서 6년
모진 고문 속 첫 기도 · 68
유영익 저서 | 젊은 날의 이승만 (2002)에서 발췌 |

나라 세우기 X파일 - 이승만 없었다면 대한민국 없다
"동유럽 공산화 뻔히 보면서 합작하라고?" · 72

도서출판 기파랑이 펴낸 『대한민국 건국의 재인식』
건국사 바로보기, 자랑스러운 대한민국 만들기 · 84
온종림 | 〈뉴데일리〉 기자 |

망명지에서도 자나 깨나 '내 나라 걱정' · 90
이인수 | 정치학 박사 |

이승만 하야하던 날, 김정렬 전前 국방장관 증언
"부정不正을 왜 해? 내가 그만둬야지" · 96

4·19 세대의 뒤늦은 고백
'한민족의 모세' 이승만 부활시키자! · 101
허문도 | 전 통일원 장관 |

4·19의거의 역사적 평가
이승만도 '이승만 헌법' 지키려 물러났다 · 107
류근일 | 〈뉴데일리〉 고문 |

이승만의 예지와 배짱
몇 세기에 한번 나타날 불세출不世出의 영웅 · 112
이도형 | 〈한국논단〉 발행인 |

이승만은 독재자가 아니다
왜 한국인은 자기네 위인을 모를까? · 118
로버트 올리버 | 이승만 대통령 정치고문 |

이승만은 근본적으로 자유민주주의자
전쟁 중에도 한 번도 헌정중단 안 해 · 122
이주영 | 건국대 명예교수 |

광복절 횟수 바로잡자
원래 광복절은 1948년 건국기념일 · 130
양동안 | 한국학중앙연구원 명예교수 |

대한민국 건국은 민주주의 혁명
'소련 위성국' 막아낸 세계 유일의 인물 · 132
김광동 | 나라정책연구원장 |

이승만과 6·25, 나라 구하기
"통일 기회 왔다. 오로지 북진 통일!" · 138
남정옥 | 국방부 군사편찬연구소 책임연구원 |

프란체스카 여사가 쓴 6·25 비망록 · 144

웅변가, 선동가, 철야농성 투쟁
'운동권 청년' 이승만, 고종을 굴복시키다 · 163
인보길 정리 |〈뉴데일리〉발행인|

이승만은 통합주의자, 그 반대세력들
"공산주의든 민주주의든 하나로 뭉치자!" · 167
양동안 |한국학중앙연구원 명예교수|

해방공간의 김구
"김일성도 선생을 대통령으로 모시려고…" · 177
김효선 |〈한국논단〉편집위원|

카이로 선언과 이승만
'한국독립' 조항, 루즈벨트와 통했다 · 186
김효선 |〈한국논단〉편집위원|

미국의 '기피인물' 이승만
미 국무성, '반소反蘇주의자' 이승만 귀국여권 취소 · 191
인보길 정리 |〈뉴데일리〉발행인|

이승만과 반공의 당위성
남북공산당, 전국서 테러·폭동·양민 학살 · 200
유동열 |치안정책연구소 안보대책실 선임연구관|

머리말
'뉴데일리 이승만연구소' 총서를 펴내며

이승만의 누명과 대한민국의 운명

"독재자 이승만, 미국 괴뢰 도당을 태평양 깊은 물에 장사지냅시다." 이것은 61년 전 6·25때 10살짜리 국민학생이 외치던 웅변 원고의 마지막 대목이다.

가뭄이 심했던 1950년 그 여름 어느 날, 교실에 들어선 담임선생님은 칠판에 '김일성 장군 만세'를 크게 써놓고 만세삼창을 부르게 했다. 교단에 숨어있던 남로당 세포였던 그는 그날부터 교장이 되었다. '붉은 소년단'이 조직되고 '인민해방 축제'가 준비되었다. 소년단은 연극 합창을 연습하여 순회공연에 나섰다. 개막연설을 맡은 나는 담임선생이 써준 대로 열변을 토했고 장마당에 모인 사람들은 "옳소~ 잘 한다~"를 외치며 박수를 쳤다. 그로부터 10년 후 4월, 서울대 문리대생이 된 소년은 '독재타도' 플래카드를 들고 대학로에서 종로를 거쳐 경무대(현 청와대) 앞까지 데모를 했다.

"국민이 원하면 하야한다"는 성명을 발표하고 물러난 이승만을 마지막으로 본 것은 이화장 담장 너머로 시민들에게 손을 흔들던 모습이다. 담장에는 '만수무강하소서'라는 벽보가 붙어 있었다.

이른바 '4.19세대'였던 나에게 이승만이 새롭게 다가온 것은 1995년 〈조선일보〉가 해방50주년을 맞아 '이승만과 나라세우기' 전시회를 대대적으로 열었을 때다. 그의 생애와 건국사를 들여다보면서 친북파 운동권의 양성 교과서였던 『해방 전후사의 인식』을 비롯한 '이승만 죽이기'의 실상과 그 정체를 새삼 실감하게 되었다. 그것은 '대한민국 죽이기'에 나선 세력의 타살과 자살 행위, 급기야 좌파정권 10여 년간 국가적으로 조직화되기에 이르렀다.

이승만은 건국 전부터 '독재자'였다.

상해上海임시 정부시절 임정을 부정하는 공산세력이 공격한 이름 독재자

해방 후 좌우합작을 거부한다고 미국, 소련, 북한과 세계 언론이 붙인 이름 독재자.

건국 당시 이승만이 배척한 '지주 정당' 한민당이 낙인찍은 이름 독재자.

한민당과 김구金九 지지 신문들이 10년간 집중공격하면서 불러댄 이름 독재자.

김일성의 적화통일을 저지하고 공산당을 탄압한다고 욕하는 이름 독재자. 3.15 부정선거 규탄 4·19데모에 스스로 물러나자 마침표 찍은 이름 독재자. 좌파 정권의 교과서 개편 때 편수지침으로 주어진 단어 '이승만은 독재자'.

공화주의자로 20대에 쓴 옥중저서 『독립정신』에 응집된 자유민주주의 국가 독립의 신념을 단 한 번도 바꾸지 않은 이승만, 마침내 평생 꿈꾸던 나라 대한민국을 만들고 키워내기까지 '독재자'라는 공격 따위 두렵기는커녕 우스울 뿐, 이승만이 없었으면 대한민국은 없었다.

〈조선일보〉를 퇴직한 후 인터넷신문 〈뉴데일리〉를 맡으면서 '이승만 다시 보기'를 시작했다.

건국대통령 이승만을 부활시키지 않고는 대한민국의 국가정신은 자멸할 위기에 몰려있기 때문이다. 2009년 8월과 2010년 8월엔 타블로이드판 특집도 발행했다. 여기 책으로 묶은 내용이 그것이다.

지금 대한민국 국민들이 알고 있는 이승만은 실제의 이승만과는 너무나 다르다.

4·19세대가 70대로 접어들었으니 대부분의 국민들은 '이승만은 독재자'란 단어에 세뇌된 채로 무관심하거나 잘못 입력되어 있고, 잘못 교육받고 있는 상태다. 그리하여 누구나 일제35년간 대표적인 독립투사로 이승만과 김구를 꼽으면서도 실제의 이승만이 매장된 사실은 알지 못한 채, 김일성의 공작에 말려들어 대한민국 건국을 끝까지 반대했던 김구만 진정한 애국자로 포장 되어 있다.

왜 이렇게 되었나? 이것은 과연 역사의 진실에 어울리는 결과인가?

G20 대한민국 성공신화의 바탕을 만들어놓은 건국대통령 이승만.

국제공산주의 침략 아래 분단국가 특유의 남북대결 상황에서 대한민국 건국세력의 얼굴에 겹겹이 씌워진 역사의 누명을 벗겨야 할 때가 왔다. 늦었지만 늦지 않았다.

남북한의 반反대한민국 세력이 왜곡, 조작, 파괴한 현대사의 실상을 발굴, 복원, 재생시켜 국가역사를 재건하지 못한다면 대한민국 전체가 잘못된 역사의 폭력에 희생되고 말 것이다.

'자유민주주의와 시작경제의 파수꾼'을 자임하는 인터넷신문 〈뉴데일리〉는 올해 '이승만연구소'를 부설로 출범시켰다. 대한민국과 건국대통령 이승만을 사랑하는 사람들의 뜻을 모아 연구소는 '이승만 포럼'과 '우남 아카데미' 사업을 진행하며 오프라인 / 온라인 출판 홍보 기획의 하나로 『이승만연구소 총서』를 발간하기로 결정, 첫 호를 펴낸다.

이 총서 시리즈는 '나라 바로 세우기 운동'의 하나다. 건국대통령을 스스로 버린 나라, 자기 아버지를 잊고도 태연한 국민에게 위대한 아버지를 되찾아 주는 '국격(國格) 회복운동'이다.

정확한 인물사, 건국사, 호국사의 교육이야말로 국민의 역사관 국가관 형성의 핵심일뿐더러 동시에 국가 정통성과 정체성을 떠받치는 튼튼한 기둥이 된다.

『이승만 다시 보기』에 귀한 글을 써주신 필자 여러분들과 남달리 애써 주신 김효선 씨에게 진심으로 감사드린다.

또한 출판을 맡아주신 기파랑 안병훈 사장에게 고마운 말씀 올린다.

2011. 2.
엮은이 인보길印輔吉

대한민국은 위대한 아버지를 버렸다

김길자 | 대한민국사랑회 회장 |

대한민국과 국민은 위대한 아버지를 버렸다.

낳아주고 키워주고 외적으로부터 지켜서 잘 살게 해준 아버지를 50년이나 버려둔 채 잊어 버렸다. 버려진 아버지는 남의 땅을 떠돌다가 적들이 덮어씌운 더러운 저주의 거적 속에서 죽어갔다.

한민족을 다시는 외세의 노예로 만들지 않겠다며 자유민주 독립국가를 세운 아버지, 이 나라를 멸망에서 지키려고 국제공산주의와 싸우고 싸웠던 아버지. 그 적들이 붙인 이름 '독재자' '친일정권'이란 오명을 오늘날까지도 적들과 함께 지껄이는 사람들은 어느 나라 국민들인가. 올해는 국치 100년, 해방 65년, 건국 62년, 6·25남침 60년, 4·19 학생운동 50년이다. '나라 찾기, 나라세우기'에 몸 바친 아버지, 그 나라 대한민국이 아버지를 찾지도 않고 모시지도 않고 아버지라 부르지도 않는다. 서럽고 외로운 아버지, 그분은 그러나 슬퍼하지도 원망하지도 않으시리라.

당신이 세운 나라가 이토록 번영하는 강국으로 자라난 것이 기쁘고 기뻐서, 사랑하는 국민들의 피땀 흘리는 모습이 너무나 대견하고 자랑스러워서, 이 순간도 아버지는 대한민국 방방곡곡을 날아다니며 자애 넘친 미소로 우리를 쓰다듬고 계실 것이다.

오늘의 대한민국은 아버지가 젊은 시절 옥중에서 꿈꾸던 바로 그 자유국가이기 때문이다.

"일본이 왕비를 살해하고 나니 러시아가 국왕을 인질로 잡는구나."

20세 때 청일전쟁, 명성황후 시해, 아관파천 등 강대국들의 한국 쟁탈전을 겪으며 왕정개혁, 국민 계몽운동을 벌인 이승만. 국모살해 복수 쿠데타도 실패하고 입헌군주제를 부르짖다 투옥된 이승만, 6년의 감옥생활 중 러일전쟁이 터지자 『독립정신』을 저술한다. 이승만이 이 책에 그린 나라와 백성의 조건들은 글로벌 현대 선진국의 모습 그대로이다. 이승만을 논하려는 자, 모름지기 이 책부터 읽기를 간곡히 부탁하고 싶다. 『독립정신』의 국가정신이야말로 이승만과 대한민국의 정체성이라 할 것이다.

일본의 보호국 신세가 되자 다급해진 황제의 밀사로 미국에 갔던 이승만은 망국의 한을 풀기 위해 프린스턴대 박사가 되었고, 한국 국적을 한사코 고집하며 쓰라린 신고를 이겨낸 35년의 망명투쟁 끝에 조국해방을 맞았다. 그러나 이것은 광복이 아니라 또 하나의 비극, 강대국들의 영토 나눠먹기 노름판이었다. 소련의 북한 단독정부 건립, 미국의 좌우합작 협박, 국내의 타협세력들을 달래고 가르치며 고군분투한 이승만의 나라세우기 작업은 전 세계와 맞선 1인 혈투였다. 일제의 식민 지배를 갓 벗어난 조국을 소련의 위성국으로 바쳐야 할 것인가.

20세부터 70세까지 신앙으로 굳어진 '자유민주' 정신과 더불어 국제정치를 꿰뚫는 예지력, 외교와 영어의 달인 이승만이 있었기에 대한민국은 태어날 수 있었다.

이승만이 일찍이 예견했지만 그러나 너무나 빨리 신생 대한민국은 맨손으로 공산세력의 침략을 받았다. 사상자와 규모에서 세계 7대전쟁의 하나인 6·25. 이때 이승만이 아니었다면 미국과 유엔의 참전을 신속하게 이끌어낼 수 없었을 것이며 지금쯤 우리는 김정일 치하에서 노예생활을 하고 있을지도 모른다. 소련의 스탈린, 중공의 모택동, 북한의 김일성을 3대 1로 대적하여 승리한 호국의 전략가, 전 세계 3분의 1이 붉게 물들 때 대한민국을 세우고 지켜낸 이승만은 진정한 자유민주주의 영웅이다. 원교근공遠交近攻이란 손자병법이 아니라도 이승만의 명품 '한미동맹'은 G20의 대한민국을 이뤄낸 안보 울타리였고, G2로 급상승하는 중국의 권토중래 국면에서 재연될 한반도 4강대결의 제어장치로서 우리는 이를 더욱 굳건히 지켜가야 할 것이다. 이 한미동맹 역시 청년시절부터 한민족 국가의 독립과 아시아 평화를 담보하는 '완충지 대한민국'을 주창했던 이승만의 꿈이 실현된 작품이다(프린스턴대 박사논문). 군사주권 운운하며 전작권 전환에 매달린 정략꾼들을 보면서 이승만은 얼마나 탄식할 것인가.

잠 깨면 성경을 낭독하고 잠들 때 기도하며 '자유 대한민국'의 안녕을 하늘에 빌었던 이승만. 문맹률 70%의 무지한 국민들을 교육시키고, 미숙한 민주정치 행태에 한탄하면서도 자유주의 이상향이던 미국 모델을 실현하려고 애태웠던 80세 애국혁명가, 날마다 나라의 장래를 근심하는 그가 어찌 후계자 걱정인들 떨칠 수 있었을까. "조모趙某는 애국애족심은 강한데 자기관리가 부족하고, 장모張某는 자기관리는 잘하는데 지도력이 부족하니 어찌하리오."(미국인 고문 로버트 올리버에게 보낸 편지)

그의 장기집권이 권세와 영달을 위해서가 아니라 위기의 국가관리를 맡길 인재들을 못 찾아 방황했음을 역사는 이해하리라.

더구나 부정축재를 위한 것도 아니었음은 건국 전 지지자들이 마련해준 이화장梨花莊 한 채가 증거하고도 남는다. 국부國父에 과잉충성과 '인의 장막' 속에서 기득권층이 저지른 3·15 부정선거로 폭발한 4·19 학생의거, 뒤늦게 진상을 보고 받고는 "부정을 왜 해? 내가 떠나야 학생들이 안 다치겠군." 부상자들을 문병한 뒤 홀홀히 떠나간 이승만. 그것은 차라리 평생의 나라 걱정에서 그를 놓아준 인간해방이었던 셈이다.

'불의不義를 참지 못하는 순수하고 열렬한 애국청년들이 있어 대한민국의 장래는 염려하지 않아도 된다'(장개석에게 보낸 편지)는 고백대로 이승만은 4·19학생운동을 부정하지 않고 오히려 높이 평가하고 받아들였다. "국민이 원하면 물러나야지." 자기 발로 물러나는 독재자를 어느 나라에서 볼 수 있었던가.

6·25남침전쟁 후 체제수호와 국민통합을 위해 실시했던 반공법, 공산주의자들에게 가차 없었던 통치를 독재로만 몰아붙일 것인가. 이승만 때문에 적화통일의 야욕을 접어야했던 패배자 김일성·김정일 세습독재세력의 '독재 타도' 선전선동에 언제까지 눈감을 것인가.

50년 전 학생운동의 주역으로 이승만 동상을 끌어낸 4·19세대는 대한민국의 산업화·민주화를 일궈낸 주역이기도하다. 식민시대에 태어나 위대한 대한민국을 건설해낸 4·19세대야말로 이승만의 자유민주 헌법체제가 얼마나 소중한 것인지를 체험한 역사의 당사자들이다. 전후 140여 개 신생국 중 최단기간에 성공한 대한민국이, 태어난 날을 국가명절로 정하지도 않고 축하하지도 않는 것은 국가정통성을 부정하는 행위이며 성공이 부끄러운 세계의 조롱거리에 다름 아닐 것이다.

21세기 지구촌은 국가경쟁력 시대다. 경제 지표만으로 선진국이라 할 것인가. '가장 민족적인 것이 가장 세계적'이란 말처럼 국가브랜드 파워는 그 나라 역사와 문화, 정신수준의 총합체라야 경쟁력을 인정받는다.

이승만만큼 경쟁력 있는 브랜드도 없다. 그의 삶 자체가 수백 편의 드라마, 웅장한 오페라다. 이승만 정신은 한민족의 역사적 재산이며 세계 약소

국가의 독립모델이다. 더구나 전 세계에 잘 알려진 전설적 이름 '싱맨 리' 아닌가.

'이승만 광장'에 동상을 세우고, 건국절 축제도 만들고, 우남로雩南路와 건국기념공원도 조성하여 후세들에겐 교육장으로, 세계인들에겐 문화상품으로, 국격을 갖춘 선진 한국으로 거듭나기를 간절히 바라고 싶다. 대한민국이 태어난 날도 모르고 아버지도 모른다면 우리는 분명 사생아가 아니랴.

| 건국대통령 이승만의 7대 업적 |

자유민주헌법, '독도는 우리 땅' 교육 혁명

유영익 | 한동대학교 석좌교수 |

 이승만 대통령은 해방공간의 대혼란을 수습하고 대한민국을 수립한 지 2년 만에 6·25전쟁을 맞아 이를 극복하면서 신생공화국의 기초를 닦는 데 주력한 결과 정치, 외교, 군사, 외교, 교육, 사회, 문화, 종교 등 여러 분야에서 획기적인 업적을 성취하였다.

 그가 이룩한 업적들 가운데 ①미국식 대통령제의 확립, ②한미상호방위조약의 체결, ③'70만 대군'의 육성, ④농지개혁, ⑤교육기적, ⑥양반제도의 근절 및 남녀평등의 구현, ⑦기독교의 확산 등은 그가 아니면 실현될 수 없었던 그 나름의 고유한 업적이었다. 그리고 이들 '7대 업적'은 그가 현대한국에 남긴 유산遺産이었다. 대한민국은 바로 이 유산을 바탕으로 1961년 이후 공전의 '비약적' 발전을 이룩할 수 있었다고 생각한다.

 이 대통령은 1948년부터 1960년까지 12년간 집권하면서 해방 전후에 미리 준비했던 건국 구상에 따라, 정치, 외교, 군사, 경제, 교육, 사회, 문화, 종교 등 여러 분야에서 괄목할 만한 업적을 달성했다. 그중에서 돋보이는 것들을 골라 소개해 보면 다음과 같다.

정치 분야

그는 자유민주주의 원칙에 입각해 대한민국을 건국하고 대통령 중심제 정부를 확립했다. 1948년 제헌 당시 그는 국회의장으로서 헌법기초위원회가 기초起草한 내각책임제 헌법 초안을 대통령 중심제로 바꾸도록 압력을 가하여 자기 뜻을 기어이 관철했다. 1952년에 그는 제1차 개헌을 통해 대통령 직선제를 도입하고, 1954년에 제2차 개헌을 통해 국무총리제를 폐지함으로써 대한민국을 동아시아에서 유일하게 미국식 대통령제를 모방한 나라로 만들었다.

그는 제1차 개헌 때 발족시킨 자유당이라는 관제 여당을 앞세워 8년간 '거의 전제적專制的인' 권위주의적 통치를 실시했다. 그러면서도 그는 언론의 자유를 비교적 폭넓게 허용하고, 선거 및 의회 제도를 존중하며, 양당제도의 발달을 용인하고, 지방자치제를 도입하는 등 적어도 형식상 민주주의의 외피外皮를 유지함으로써 한국민의 민주적 자치능력 개발에 기여하였다.

외교 분야

그는 대한민국 수립 후 유엔과 미국 등 30여개 국가로부터 승인을 획득함으로써 대한민국의 정통성을 확립하였고, 1952년에는 '인접해양에 관한 주권에 대한 대통령 선언'(일명: '평화선' 혹은 '이승만 라인')을 일방적으로 선포하여 독도獨島를 포함한 해역에서 어족자원 및 해저자원을 보호하였다. 그는 특히 6·25전쟁 막바지에 미국이 단독으로 휴전을 모색하자 아

아이젠하워 Dwight D. Eisenhower 대통령 등 미국의 위정자들을 회유 내지 협박하여 1953년 10월에 한미상호방위조약 The Korean-U.S. Mutual Security Treaty을 체결하는 데 성공했다. 한미상호방위조약이 성립됨으로써 19세기 후반 이래 14년에 한번 씩 전화戰禍가 휩쓸었던 한반도에 전쟁이 일어나지 않았으며, 남한은 미국이 제공하는 군사적 보호우산 아래 여러 분야에서 공전의 발전을 기할 수 있게 되었다.

군사 분야

6·25전쟁 발발 후 유엔군과 긴밀한 공조관계를 유지하고 또 남한국민 대다수의 충성을 확보함으로써 북한 침략군과 중공군을 휴전선 이북으로 격퇴시키는 데 성공했다. 이뿐만 아니라 그는 전쟁기간에 미국에 끈질기게 군사원조를 요청한 결과 전쟁 발발 전에 10만 명에 불과했던 한국군의 규모를 1954년에 70만 수준으로 대폭 증군增軍하는 데 성공했다. 다시 말하면, 그는 한국 역사상 최대 규모의 상비군을 육성, 보유함으로써 대내적으로 안보를 확보하고 대외적으로 대한민국을 아시아에서 무시 못 할 군사강국으로 격상시켰다.

경제 분야

만성적인 인플레를 극복하고, 전후戰後 경제복구에 성공하였으며, 수입대체산업輸入代替産業을 육성함으로써 공업화의 단초를 열었다. 특히 그는 6·25전쟁 발발 전에 개시된 '농지개혁'을 통하여 구래의 지주 토지소유제를 청산하고 경자유전耕者有田의 원칙에 따른 자작농적 토지 소유제를 확립하였다. 이 대통령이 추진한 농지개혁을 통해 총소작지 면적의 40%에 달하는 58.5만 정보의 땅이 유상매입, 유상분배의 원칙에 따라 소작농들에게 분배되었다. 정부분배 농지 58.5만 정보(45%)와 지주처분 농지

71.3만 정보(55%)가 자작화自作化됐다. 이로써 전체 면적에 대한 자작지의 비율은 92.4%에 달하게 되었다. 해방 당시 자작지 면적이 35%에 불과했다는 사실에 비추어 볼 때 92.4%라는 수치는 한국 농업구조상 획기적 변화를 의미했다. 뿐만 아니라 6·25전쟁 발발 전에 농지개혁이 개시됨으로써 전쟁 중 남한 농민들이 북한군에 부역하는 현상이 나타나지 않았다.

교육 분야

6년제 의무교육제도를 도입하고 성인을 대상으로 문맹文盲퇴치 운동을 전개한 결과 1959년까지 전국 학령아동의 취학률을 95.3%로 높이고, 해방 당시 80%에 달하였던 문맹률을 22%(남 11%, 여 33%)로 낮추는 데 성공했다. 나아가 이 대통령의 정부는 중·고등학교와 대학을 대폭 증설하고 해외유학을 장려함으로써 산업화에 필요한 고급인재를 양산했다. 해방 당시 우리나라의 대학과 전문학교는 통틀어 19교, 학생 수는 약 8,000명이었는데 1960년에는 초급대학·대학·대학교가 68교, 학생 수는 약 10만으로 폭증하였다. (대학생 수 10만 명은 인구 5,000만이 넘는 영국의 대학생 수와 맞먹는 것이었다.)

이 대통령 집권기에 해외 유학생의 수가 비약적으로 늘었다. 1953년부터 1960년까지 '정규유학생' 자격으로 해외로 나간 학생이 4,884명(미국 유학생 89.9%), '기술훈련 유학생' 자격으로 출국한 학생이 2,309명이었다. 이 밖에도 1950년대에 9,000명 이상의 군 장교들이 미국의 각종 군사학교에 파견되어 교육을 받았다. 요컨대, 이 대통령 집권기에 한국에는 '교육기적'이 일어났고 이 기적으로 말미암아 이 땅에는 민주주의가 정착할 수 있는 토대가 마련되었으며 1960년대 이후의 '경이적' 경제발전의 지적 기반이 조성되었다.

사회 분야

　농지개혁을 통하여 전통적인 양반제도를 뿌리 뽑고, 남·녀 동등한 교육 및 취업 기회를 정책적으로 보장함으로써 한국 사회의 평등화에 획기적으로 기여하였다.(필자는 농지개혁이 양반제도 근절의 최대 요인이었다고 판단한다.) 이 대통령 집권기에 한국 여성은 초등학교 수준에서 남자와 똑같은 의무교육을 받게 되었고 나아가 중·고등학교 및 대학에 대거 진학하기 시작하였다. 1958년 각급 학교의 여학생 수를 해방 직후와 비교해보면, 초등학교의 경우 3.1배(541,011→1,655,659), 중·고등학교의 경우 6.1배(63,516+23,721→88,625+6,469), 사범학교의 경우 2.5배(1,825 → 4,527), 그리고 대학(교)의 경우 8.5배(1,086→9,189)로 폭증했다. 교육기회의 확대에 따라 여성의 취업기회가 확장되고 사회진출 역시 활발해졌다. 1950년대부터 여성 판·검사, 여군 장교, 여자 항공대원, 여자 공학사가 나타났고 국회의원과 장관 및 대사들도 등장했다.

문화·종교 분야

　한글전용 정책을 독려함으로써 본격적인 '한글시대'를 개막하고, 전통문화의 계승 및 보존을 위한 조치를 강구함으로써 민족문화창달에 기여하였다. 특히 그는 기독교(주로 개신교)를 장려함으로써 원래 유교국가였던 한국을 아시아 굴지의 기독교 국가로 탈바꿈시켰다. 그는 ①국가의 주요 의례를 기독교식으로 행하고, ②국기國旗에 대한 경례를 주목례注目禮로 대체하며, ③형무소에 형목제形牧制, 그리고 군대에 군목제軍牧制를 도입하며, ④정부의 주요 부서에 기독교인을 대거 등용하며, ⑤기독교 선교를 목적으로 하는 언론매체의 발달을 지원하며, ⑥6·25전쟁 중과 그 후에 외국(특히 미국)의 기독교 구호단체들이 보내오는 구호금과 구호물자를 친여親與적인 '한국기독교연합회(KNCC)'를 통해 배분하도록 조처하는 등 여러 가지 방법으로 기독교 교세확장에 기여하였다. 이 대통령 집권기에 정부의 19개 부 장·차관 242명 가운데 38% 그리고 국회의원 200명 가운데 약 25%가 개신교 교인이었다.

각 부처의 장 135명 가운데 개신교인의 비율은 47.7%였다. 그 당시 남한의 총인구 중에서 기독교인이 차지하는 비율이 10% 미만이었다는 사실을 감안할 때 정부의 요직에 기독교 교인이 과過대표됐다고 말할 수 있다. 그 결과 이 대통령 집권기를 고비로 남한의 기독교 교세는 '기하급수적' 성장을 기록하게 되었다.

|이승만의 1923년 '공산당의 당부당當不當' 논설|

레닌혁명 직후
소련 공산주의 낱낱이 비판

손세일 | 언론인 |

　이승만 박사는 한국현대사의 영광과 곤욕을 상징적으로 체현했던 대표적인 인물이다. 현대 한국은 3·1운동으로 시작되었다. 그리고 3·1운동의 유일한 가시적 성과는 대한민국임시정부의 수립이었다.

　그런데 그 임시정부가 미국식 민주주의를 이상으로 생각하는 이승만을 대통령으로 하고, 신생 소비에트 러시아를 이상국가로 생각하는 공산주의자 이동휘李東輝를 국무총리로 하는 연립정부로 출발했다는 사실은 우리의 현대사가 얼마나 심각하게 이데올로기의 갈등에 휘말려야 했는지를 짐작하게 한다. 1948년에 남북한에 두 개의 정부가 수립될 때에 이승만은 자유민주주의를 이념으로 한 대한민국의 초대대통령으로 다시 공산주의와 대결했다.

　그리고 그의 반공이데올로기가 아니었더라면, 비극적인 6·25전쟁이 일어나지 않았더라도, 아마 대한민국의 운명은 동유럽 나라들의 그것보다 훨씬 더 불행해졌을 것이다.

이승만 박사는 공산주의를 어떻게 인식했는가. 해방되고 귀국한 뒤 한 달 남짓 지난 1945년 11월21일 저녁에 그는 서울중앙방송국의 주례 라디오 방송을 통하여 다음과 같이 말했다.

"오늘은 공산당에 대한 나의 감상을 간단히 설명하고자 합니다. 나는 공산당에 대하여 호감을 가지고 있는 사람입니다. 그 주의主義에 대하여도 찬성하므로, 우리나라의 경제대책을 세울 때에 공산주의를 채용할 점이 많이 있습니다."

이렇게 말하고 나서 그는 과거의 한인 공산주의자에 대하여 둘로 나누어 말하겠다면서, 경제 방면에서 노동대중에 복리를 주자는 운동인 점은 긍정적으로 평가할 수 있으나, 공산정권을 수립하기 위하여 무책임하게 각 방면에서 폭력적인 행동을 자행하는 것은 옳지 못하다고 비판했다.

공산당에 대하여 호감을 가지고 있다는 말은 물론 이 시점에서 그가 추진하던 독립촉성중앙협의회운동에 모든 정파들을 참여시키기 위한 제스처였다.

그러나 젊어서 독립협회 운동을 하던 때부터 평민주의자인 이 박사는 공산주의의 '평등' 주장에 대해서는 일찍부터 긍정적으로 평가했다.

공산주의의 이론에 대한 이승만 박사의 인식을 보여주는 초기의 글들 가운데에서 대표적인 것은 '공산당의 당 부당' (1923. 3)이라는 논설이다. 이 논설에서 이 박사는 평등문제에 대하여 설득력 있게 설명했다. 몇 천 년 동안 내려온 귀족(양반)과 상민의 세습적 신분제도는 프랑스혁명과 미국의 공화주의로 타파되었지만, 근대 자본주의사회의 빈부격차로 말미암아 불평등이 여전하다면서 다음과 같이 기술했다.

"노예로 말할지라도 법률로 금하야 사람을 돈으로 매매는 못한다 하나

월급이라, 공전이라 하는 보수 명의로 사람을 사다가 노예같이 부리기는 일반이라. 부자는 일 아니하고 가난한 자의 노동으로 먹고 살며 인간 행락에 모든 호강 다하면서 노동자의 버는 것으로 부자 위에 더 부자가 되려고 월급과 삯을 점점 깎아서, 가난한 자는 호구지계를 잘 못하고 늙어 죽도록 땀 흘리며 노력하야 남의 종질로 뼈가 늘도록 사역하다가 말 따름이오, 그 후생이 나는 대로 또 이렇게 살 것뿐이니, 이 어찌 노예생활과 별로 다르다 하리오. 그러므로 공산당의 평등주의가 이것을 없이하야 다 균평하게 하자 함이나, 어찌(어떻게)하야 이것을 균평히 만들 것은 딴 문제이어니와, 평등을 만들자는 주의는 대저 옳으니 이는 적당한 뜻이라 하겠고…"

이처럼 이 박사는 공산주의의 평등사상을 인정했다. 그러기는 공산주의의 부당한 점으로는 공산주의 이론의 핵심적인 주제인 (1) 재산을 나누어 가지자 함 (2) 자본가를 없이하자 함 (3) 지식계급을 없이하자 함 (4) 종교단체를 혁파하자 함 (5) 정부도 없고 군사도 없으며 국가사상도 다 없이 한다 함, 곧 이른바 국가 소멸론을 들었다. 그 가운데에서 가장 주목되는 것은 (2)의 자본가를 없애자는 주장의 부당성을 설명한 대목이다.

"모든 부자의 돈을 합하여다가 나누어 가지고 살게 하면 부자의 양반 노릇 하는 폐단은 막히려니와, 재정가(기업가)들의 경쟁이 없어지면 상업과 공업의 발달이 되기 어려우리니, 사람의 지혜가 막히고 모든 기기미묘한 기계와 연장이 다 스스로 폐기되어, 지금에 이용 후생하는 모든 물건이 다 더 진보되지 못하며, 물질적 개명이 중지될지라…"

그것은 시장경제의 경쟁의 원리와 기술혁신의 중요성을 강조한 말이었다. 이러한 그의 공산주의 비판은 60년이 더 지나서 소련공산당 서기장 고르바초프에 의하여 옳았음이 확인되었다. 고르바초프는 1989년 가을의 마지막 소련공산당대회에서 '자본주의체제 안에서 기술혁신이 이토록 발달하리라고는 생각하지 못했다'라고 실토했었다. 이처럼 이 박사는 시장경제의 핵심원리를 일찍부터 터득하고 있었다.

마지막 (6)의 국가소멸론과 관련해서는 1917년 레닌 혁명 뒤의 소련의 실상을 들어 그 주장이 얼마나 허구인가를 설명하고 다음과 같이 덧붙였다.

"설령 세상이 다 공산당이 되며 동서양 각국이 다 국가를 없이하야 세계적 백성을 이루며, 군사를 없이하고 총과 창을 녹여 호미와 보습을 만들지라도, 우리 한인을 일심단결로 국가를 먼저 회복하야 세계에 당당한 자유국을 만들어 놓고 군사를 길러서 우리 적국의 군함이 부산 항구에 그림자도 보이지 못하게 만든 후에야 국가주의를 없이 할 문제라도 생각하지, 그전에는 설령 국가주의를 버려서 우리 2천만이 모두가 밀리어네아(백만장자)가 된다 할지라도 우리는 원치 아니할지라…."

독립운동시기에 한국공산주의자들이 인터내셔널리즘(국제주의)라는 명분 아래 코민테른(국제공산당)을 상대로 벌인 정통성 경쟁과 그에 따른 분파주의는, 제국주의 일본의 잔혹한 탄압이라는 상황을 감안하더라도, 한국공산주의 운동의 원죄가 아닐 수 없다.

소련과 동유럽 공산권의 붕괴로 70년에 걸친 공산주의의 실험은 참으로 엄청난 대가를 치르고 실패했다. 공산주의가 실패할 수밖에 없는 이유를 이 박사는, 소비에트 러시아가 식민지 해방운동의 이상국가로 등장한 직후에 이처럼 정확하게 통찰하고 있었던 것이다. 그러한 인식의 원천은 철저한 기독교정신이었다.

이 박사는 위와 같은 주장의 연장선상에서 마침내 1945년 12월 17일에는 '공산당에 대한 나의 입장'이라는 서울중앙방송국 연설을 통하여 다음과 같이 공산당과의 결별을 선언했다.

"한국은 지금 우리 형편으로 공산당을 원치 않는 것을 우리는 세계 각국에 대하여 선언합니다. 기왕에도 재삼 말한 바와 같이 우리가 공산주의를 배척하는 것이 아니오, 공산당 극렬파들의 파괴주의를 원치 않는 것입니다…공산명목을 빙자하고 국경을 없이하여 나라와 동족을 팔아다가 사익私益과 영광을 위하여 부언위설[浮言僞說: 뜬소문과 거짓말]로 인민을 속이며, 도당을 지어 동족을 위협하며, 군기軍器를 사용하여 재산을 약탈하며, 소위 공화국이라는 명사를 조작하여 국민 전체의 분열 상태를 세인에게 선전하기에 이르다…이 분자들이 러시아를 저희 조국이라 부른다니, 과연 이것이 사실이라면 우리의 요구하는 바는 이 사람들이 한국을 떠나서 저희 조국에 들어가서 충성스럽게 섬기라고 하고 싶습니다… 한인의 형용을 쓰고 와서 우리 것을 빼앗아다가 저희 조국에 붙이려는 것은 우리가 결코 허락지 않을 것이니, 우리 3천만 남녀가 다 목숨을 내어 놓고 싸울 결심입니다."

그러므로 파괴를 주장하는 자는 비록 친부형이나 친 자질子姪이라도 원수로 대해야 한다고 그는 역설했다.

이승만 박사는 공산주의에 대한 이러한 인식에서 태평양전쟁 동안에도 미 국무부 관리들의 용공적인 태도를 비판했다. 일본의 항복이 얼마 남지 않은 1945년 4월 4일에 그의 협조자인 시러큐스대학교의 로버트 올리버 교수에게 보낸 편지에서 한국사람 전체가 완전히 단합되지 않는 한 중경 임시정부를 승인할 수 없다는 국무부 관리들을 다음과 같이 비판했다.

"한국사람 전체가 완전한 단합을 이루어야 한다는 조건을 내세움으로써 그들은 대한민국임시정부로 하여금 소수 공산분자들의 요구에 굴복하도록 강요하고 있습니다. 한국 공산주의자들은, 중국이나 그리스나 폴란드나 그 밖의 해방된 나라들의 공산주의자들과 마찬가지로, 정권을 장악할 때까지 자기네 정부에 반대하는 선동을 멈추지 않을 것입니다. 그런데도 미 국무부는 공산주의자들이 만족할 때까지 정부를 승인하지 않겠다는 것입니다. 그 결과는 무엇이겠습니까? 공산주의 정권을 받아들이도록 강요

당하고 민주정치의 원칙은 말살되는 것입니다. 이것은 모든 해방된 민족은 인민의 의사에 따라 그들이 원하는 정치제도를 선택할 자유를 갖는다고 약속한 대서양헌장에 절대적으로 위배되는 것입니다."

이 박사가 대공정책에서 미군정 당국이나 미국 정부와 의견대립이 잦았던 것은 공산주의자들의 행동에 대한 근본적인 인식과 대처방식의 차이 때문이었다. 세계를 놀라게 했던 1953년의 반공포로 석방은 그 대표적인 보기였다. 마침내 반공은 대한민국의 국시國是가 되었다.

| '좌우합작' 거부로 한국 공산화 막았다 |

미美 온갖 협박에도
"공산당과 손 못 잡아!"

이주영 | 건국대 사학과 명예교수 |

　지금 우리 사회는 민족주의의 명분 밑에서 강하게 주장되고 있는 좌우합작론 또는 남북협상론 때문에 심각한 국론분열의 고통을 겪고 있다.
　좌우합작, 남북협상의 주장은 1948년의 대한민국 건국 자체를 부정하는 주장으로까지 확대 해석되고 있다. 그러한 주장 가운데 하나가 대한민국은 3·1운동이 일어난 1919년에 세워졌다는 1919년 건국설이다. 그 때문에 1948년에 온갖 어려움을 무릅쓰고 대한민국 건국에 앞장을 섰던 이승만, 김성수, 송진우, 장덕수 같은 '건국의 아버지들'은 역사에서 지워지고, 그것에 반대했던 여운형, 김규식, 김구 등이 역사의 주역으로 부각되는 기이한 현상이 나타나게 된 것이다. 그처럼 '죽일 놈'과 '영웅'이 구분되는 기준은 간단했다. 좌우합작·남북협상을 통해 남북통일정부를 수립하려는 주장을 끝까지 내세웠는가 내세우지 않았는가 하는 명분의 문제였다.

　오늘날 우리가 건국대통령인 이승만 박사를 다시 생각하게 되는 것은 바로 이와 같은 위기상황 때문이다. 그는 일생동안 독립, 건국, 호국을 위한 싸움을 벌이는 과정에서 어느 지도자보다도 좌우합작·남북협상의 위험성을 잘 알고 있었다. 일반적으로 조직이 약한 우파가 조직이 강한 좌파와 손을 잡았을 때 그 결과는 공산화밖에 없다는 사실을 누구보다도 잘 알고 있었던 것이다.

　제2차 세계대전이 한창 진행되고 있을 당시, 이승만은 미 국무부가 전후문제 처리에서 좌우합작 정책을 계획하고 있음을 알게 되었다. 그 당시 루즈벨트 대통령을 비롯한 미국 정부 안의 영향력 있는 인사들은 앞으로 공산주의 이념이 세계를 지배하게 될 것이라고 생각하고 있었다. 그렇다면 미국은 전후처리 문제에 있어서 소련과 맞서기보다는 소련과 협조해야 한다는 방침이었다.

　이승만이 볼 때, 그러한 미국의 방침은 한국의 운명을 불행하게 만들 위험이 있었다. 한반도 문제에 대해 미국이 소련에게 양보하는 경우에는 공산정권이 들어설 것이고, 미국과 소련이 타협하는 경우에는 공산주의자들과 자유주의자들을 절반씩 섞는 좌우합작정권이 들어설 것이 확실했기 때문이다. 그것은 결국 한반도를 공산화로 이끌고 말 것이었다.

　이와는 달리, 독립운동가들은 대부분이 좌우 합작논자들이었다. 그들은 소련과 공산주의의 위력에 대해 알고 있었을 뿐만 아니라, 그것에 대해 상당한 호감도 가지고 있었다. 당시 미국에 있던 한국인들의 대부분도 마찬가지였는데, 김규식의 추종자인 한길수가 대표적인 경우였다. 그들 좌우합작논자들은 미국무부의 극동전문가 조지 맥퀸 박사로부터 후원을 받았는데, 그는 평양에서 선교사의 아들로 태어나 성장했기 때문에 서북지방의 안창호 계통 인사들이나 흥사단 계통 인사들과 가까웠다. 사실 이승만과 안창호는 손을 잡을 가능성이 가장 많은 독립운동가였다. 안창호는 일본에 대항하기 위해서는 사회주의자들도 포함된 모든 세력을 결집해야 한다는 민족유일당의 명분을 내세웠다. 그러나 그와는 달리 이승만은 반공주의자였다. 독립운동가들의 좌우합작 선호는 중국에 있던 임시정부에서도 나타났다. 김구는 1942년에 김원봉의 좌파 세력을 받아들여 임시정부를 좌우합작 조직으로 바꾸었던 것이다.

제2차 세계대전이 거의 연합국의 승리가 될 것이 분명해져 가던 1945년 4월에 샌프란시스코에서 유엔 창립총회가 열렸다. 회의장 분위기는 전후의 문제를 소련과 협조해 처리한다는 좌우합작 노선으로 굳어졌음을 보여주었다. 장개석의 국민당 정부도 이미 모택동의 공산당과 국공합작에 들어감으로써 미국의 좌우합작 노선에 동조한 상태였다. 그렇게 된 데는 주로 외교부장으로 좌우 합작논자였던 송자문宋子文의 공작이었다.

그는 장개석의 처남이었지만 결국 중국 대륙을 공산당에게 넘겨주는 데 크게 돕는 역할을 하게 되었던 것이다. 바로 그 송자문이 유엔 창립총회에 나타나서는 한국인 독립운동가들에게 좌우합작을 받아들이도록 압력을 넣었다. 그러나 이승만만은 반대했다. 좌우합작으로 동유럽 국가들이 공산화의 길로 가고 있는 마당에, 미국과 중국에게 잘 보여 해방 후에 권력을 잡기 위한 방편으로 좌우합작 노선을 받아들일 수는 없었던 것이다.

미국의 정책에 반대했기 때문에, 이승만은 해방 후 한국으로 돌아올 때 미 국무부로부터 귀국 방해를 당했다. 이승만은 해방이 된지 두 달이 지난 1945년 10월에야 서울에 도착할 수 있었다. 이승만의 예상은 들어맞았다. 1945년 12월말 모스크바 3상회의에서 소련을 포함한 4개국 신탁통치가 발표되자, 앞으로 좌우합작의 연립정부가 들어설 것이 확실해졌기 때문이다. 그리고 신탁통치 방식을 통해 소련이 일단 한국 땅에 발을 붙이게 되면, 한반도는 동유럽 국가들처럼 공산화될 것이 확실했다. 이승만은 김구와 함께 신탁통치반대 운동을 벌이는 한편, 미국에 다시 가서 미국의 정책을 바꾸어 보려고 했다. 이승만은 미국 국민의 호응을 얻어내는 데는 성공했지만, 국무부의 정책을 바꾸지는 못했다.

이승만의 예측대로 미·소공동위원회는 성공하지 못했다. 소련과 합의해서 모든 문제를 해결한다는 미국 좌우 합작논자들의 예측이 빗나간 것이다. 그 때문에 미국의 한반도 정책도 이승만이 바라던 반소, 반공 노선으로 바뀔 수밖에 없었다. 그에 따라 한반도의 정부 수립 문제는 미·소공동위원회에서 유엔으로 넘겨지게 되었다. 그리고 유엔은 유엔 감시하의 자유선거를 대안으로 제시했다. 그러나 소련과 북한이 그것을 거부했기 때문에, 선거는 남한에서만 치루게 되었다. 그러자 지금까지 이승만과 행동을 같이 해오던 김구가 김규식의 좌우합작 진영으로 넘어가는 새로운 양상이 나타났다. 그때 장개석의 중국 국민당 정부가 서울 주재 중국공사이며 유엔 한국위원단 위원인 류어만劉馭萬을 내세워 이승만의 건국운동에 협조하도록 김규식과 김구를 설득하려 했다. 당시 장개석은 공산당과 내전을 벌이고 있었기 때문에 남한에 반공국가가 들어서기를 희망하고 있었다. 중국은 독립운동 때 많은 도움을 받은 김규식과 김구가 그렇게 할 것으로 믿었다.

그러나 김규식과 김구는, 미국과 중국의 호소와는 달리, 남북협상을 통해 통일정부를 수립하려는 꿈에 사로잡혀, 북한에 남북협상을 제의했다. 당시 북한의 주된 관심은 남한에서 정부가 세워지지 못하게 시간을 끄는 것이었다. 김일성에게 두 김 씨의 제안은 남한의 선거를 미루기 위한 구실이 될 수 있었다. 김구, 김규식은 1948년 4월의 평양회담에 참석하게는 되었지만, 사전에 아무런 협의조차 없이 북한 측이 일방적으로 개최하는 회의에 손님 자격이 되었을 뿐이었다. 그리고는 결국 남한에서 자유선거를 통해 세워질 정부를 인정하지 않는다는, 다시 말해 대한민국 정부 수립에 반대한다는 이른바 '4·30 공동성명'에 서명하고 말았다.

1948년 5월 10일의 자유선거를 통해 대한민국 정부가 수립되기는 했지만, 그해 9월에 열리게 될 파리 유엔 총회에서 승인을 받는 것이 시급한 문제였다. 신생국 대한민국이 유엔에서 승인받을 수 있을지는 불확실했다. 이승만은 장면을 단장으로 하는 대표단을 파리에 파견하여 설득하게 했다. 이때 김구와 김규식도 신생 대한민국의 승인을 막기 위해 별도의 대표단을 파리 유엔 총회에 파견할 준비를 했다. 그리하여 1948년 8월 1일에 통일독립촉진회가 조직되고, 선발대로 중국에 있던 서영해가 파리에 파견됐다. 그러나 막판에 단장인 김규식이 출발을 거부함으로써 대표단 파견은 이루어지지 않았다. 파리에 가 있던 서영해는 북한으로 가고 말았다. 대한민국은 살아남은 것이다.

그러나 대한민국은 태어난 지 2년도 못된 1950년 6월 25일에 북의 남침을 당해 거의 무너졌다. 이 시점에서 유엔군 측은 어떻게 해서든지 전쟁을 그만둘 생각이었다. 그래서 유엔은 1950년 말 휴전3인위원회에게 공산 측에 어떤 조건을 제시하면 휴전에 합의해 올지 조사하게 했다. 위원회는 대한민국을 해체한 다음 4대국(미, 영, 소, 중) 감시 하에 남북한 총선거를 실시하여 새로이 남북통일정부를 수립할 것을 제안했다. 다시 좌우합작의 유령이 나타난 것이다. 물론 이승만은 완강히 반대했다.

그러나 휴전이 성립되고 다음 해인 1954년 4월에 제네바 정치회담이 열리면서, 대한민국 해체-남북한 좌우합작 정부수립론의 제안이 또다시 등장했다. 미국을 비롯한 6·25전쟁 참전 16개국 대표들은 한반도에 영구적인 평화체제를 구축하려면 소련과 중공이 받아들일 수 있는 방안이 제시되어야 한다고 주장했다. 만일 이 대통령이 그 제안을 받아들이지 않게 되면 대한민국은 국제적으로 어떤 동맹국도 갖지 못하는 무서운 고립상태에 빠질 것이라는 협박도 덧붙였다.

그러나 이번에도 이승만은 또다시 버텼다. 이승만의 반대가 너무나 완강했기 때문에, 결국 참전 16개국들은 제안을 철회할 수밖에 없었다. 그 이후로 그와 같은 제안은 다시 등장하지 않았고, 대한민국은 이승만이 1953년에 결성된 한미동맹을 기반으로 하여 자유주의 국가로 발전해 나갔던 것이다.

|김대중·노무현 정권 10년, 대한민국의 수모|

그들은 이승만을
역사에서 지우려했다

양동안 | 한국학중앙연구원 명예교수 |

　김대중·노무현 정권 10년은 대한민국에게는 수모의 세월이었다. 두 정권은 대한민국의 건국을 가치 없는 일로 간주했고, 건국 이후의 대한민국 역사를 반성해야 할 과오의 역사로 간주했다. 그러한 관점에서 두 정권은 대한민국을 모독하는 많은 일들을 자행하거나 방조했다.
　두 정권의 이러한 행태는 우선 두 정권의 수장들인 김대중 전 대통령과 노무현 전 대통령의 잘못된 역사 이해에서부터 비롯되었다.
　김대중 전 대통령은 평민당 총재시절인 1992년 러시아의 어느 대학에서 박사학위를 취득하면서 제출한 학위 논문에서 "한국민족은 1945년 일본의 식민지로부터 해방된 직후 합법성과 민주주의를 위한 투쟁을 전개했다. 그러나 1948년 이승만의 집권은 이러한 노력을 말살했다"라고 기술했다. 김대중 전 대통령은 또 취임 초 대한민국 건국이 친일파들의 주도 하에 이루어졌다는 착각 하에 "대한민국은 첫 단추부터 잘못 끼워졌다"라고 말했다.

노무현 전 대통령은 대한민국의 건국사를 부정적으로 왜곡하여 서술해 놓은 글들이 매우 많이 들어 있는 『해방전후사의 인식』을 가장 감동적으로 읽은 책이라고 말할 정도로 대한민국 역사를 잘못 이해하고 있는 정치인이다. 그래서 그는 취임사에서 대한민국의 역사는 불의가 정의를 눌러 온 역사라고 통째로 매도했다.

대통령들이 대한민국의 역사를 이처럼 곡해하고 있었으니, 그들이 지휘하는 정권이 대한민국을 폄하하는 작업을 자행하는 데 거리낌이 있을 수 없었으며, 정권과 연관된 민간인들이 대한민국의 역사와 현실을 비판하는 것을 저지할 리 만무했다.

그들 두 정권이 직접 자행했거나 방조한 대한민국 폄하 작업은 △대한민국의 역사에 대한 부정적 해설 작업과, △대한민국을 건국하고 수호해 온 인사들을 모독하고 대한민국 건국을 방해했고 대한민국의 존속과 발전에 해를 끼쳤던 인사들의 명예를 회복·제고하는 작업의 두 방면으로 전개되었다.

대한민국의 역사에 대한 부정적 해설 작업은 다양한 형태로 방대하게 이루어졌다. 그 중 가장 대표적인 것은 고등학교의 한국 근·현대사 교과서 집필을 위한 잘못된 지침서의 작성과 국가기관인 국사편찬위원회를 통한 부정적인 대한민국 역사 해설서의 발행·보급이다.

교육부가 두 정권에 가까운 민간인 학자들을 동원하여 작성한 근·현대사 교과서 집필 지침서는 대한민국의 건국과 그 이후의 역사를 부정적으로 서술하도록 유도하면서, 북한 정권의 역사에 대해서는 긍정적으로 서술하는 것을 관용하는 것이었다.

그 결과 교육부에 의해 인정된 근·현대사 검인정 교과서들은 대부분이 대한민국의 역사에 대해서는 부정적으로 서술한 부분이 많고 북한정권의 역사에 대해서는 상대적으로 덜 부정적으로 서술한 부분이 많게 되었다.

국사편찬위원회는 두 정권 기간 동안 대한민국의 역사에 대해 부정적으로 해설했거나 해설의 근거로 이용될 자료들을 내포한 도서들을 발행 보급했다. 대표적 사례를 하나 소개하면 『한국사』 '52: 대한민국의 성립' 이다. 이 도서는 1948년 4월 평양에서 개최되었던 남북협상회의와 관련하여 다음과 같이 기술하고 있다.

"1948년 4월 평양에서 열린 연석회의와 남북요인회담은 남에서의 단선·단정반대운동을 고무시켰고, 남의 친일파가 포함된 친미극우세력에 의한 단정운동·두덕성에 타격을 가하였다. 또한 그것은 북이 정부수립에 상당히 정통성이나 도덕성을 부여하였다. 김구와 김규식 등은 북의 단정 수립도 분명히 반대하였지만, 좌익이 아니더라도 당시 적지 않은 사람들 사이에 남의 정부수립에는 비판적이었어도 북의 정부수립은 인정하려는 분위기가 있었으며, 심지어 북의 정권은 단독정부가 아니라는 사고도 없지 않았다."

두 정권은 또한 대한민국의 건국과 역사를 부정적으로 다룬 영화, 연극, 드라마 등 각종 문예물들을 직·간접적으로 지원했다. 대한민국의 건국과 수호를 위해 헌신했던 인사들을 무시·모독하고 대한민국 건국과 존속·발전에 해를 끼친 인사들의 명예를 회복·제고하는 작업도 매우 다양하고 광범하게 전개되었다.

우선 그 두 정권은 대한민국의 최고 지도자인 이승만 박사에 대해 경멸적 태도를 취했다. 정권과 가까운 자들이 아무 근거 없이 이 박사를 김구 선생 암살의 배후 지령자로 매도하고, 보도연맹원들에 대한 처형 지시자로 매도해도 정부는 그런 것에 대해 방관했다. 그러면서 '건국대통령'이라는 표현이 들어간 이승만 박사의 묘비를 세우지 못하게 했다. 그 결과 그 묘비는 지금도 이 박사 묘소 옆 땅 속에 묻혀있다.

노무현 정권은 '친일반민족행위 진상규명위원회'를 만들어 대한민국 건국 공로자들을 친일파로 몰아세우는 작업을 방조했다. 대한민국 건국공로자들 가운데 친일행적이 있는 인사들이 있지만 그들의 친일행적은 해당 인사를 친일파로 규정해야 할 정도로 심대한 것은 아니었다. 그럼에도 불구하고 그들을 도매금으로 친일파로 규정함으로써 대한민국의 건국을 모독했다.

두 정권은 이처럼 대한민국 건국의 지도자와 공로자들을 모독한 반면에 대한민국 건국을 방해한 인사들에 대해서는 명예를 회복·제고하는 일을 적극적으로 전개했다. 두 정권은 대한민국 건국에 매우 치명적인 해를 끼친 김구 선생에 대해서는 존숭을 극대화했다.

김구 선생의 기념관은 거대한 규모로 건립해놓았고, 그 속에는 김일성과 김구 선생이 함께 걷는(실제로는 김일성이 앞서 가고 김구 선생이 뒤따라가는) 사진도 걸어 놓았다.

노무현 정권에서는 대한민국 건국을 방해하고 대한민국이 건국된 후에도 대한민국을 부정했던 김구 선생의 초상화를 대한민국의 최고액 화폐인 10만 원 권에 인쇄하기로 결정하기까지 했다.

두 정권은 여운형을 비롯하여 대한민국의 건국을 크게 방해한 좌익 독립운동가들에게도 대한민국 건국훈장을 추서했다. 두 정권이 김일성과 김정일을 호칭할 때 반드시 '김일성 주석'과 '김정일 위원장'이라고 호칭하는 관행을 유행시킨 점도 이러한 것과 맥을 같이 하는 것이 아닌가 생각된다. 어쨌든 두 정권 10년 동안 우리 사회에서는 이승만 전 대통령과 박정희 전 대통령 등에 대해서는 '이승만', '박정희' 등으로 막 불러대면서, 김구, 김일성, 김정일 등에 대해서는 반드시 '김구 선생', '김일성 주석', '김정일 위원장' 등으로 부르는 관행이 정착되었다.

두 정권은 대한민국의 자유민주주의체제를 전복하기 위한 혁명투쟁을 전개했던 자들까지 명예회복과 금전적 보상을 제공하도록 하는 엉터리 '민주화운동자 보상법'을 만들어서 대한민국을 파괴하기 위한 혁명활동을 했던 자들에게 명예회복 및 금전적 보상을 제공했다.

대한민국의 자유민주주의체제 전복을 위한 혁명투쟁을 전개한 죄로 처벌받았던 자들에게 명예회복과 금전적 보상을 제공한다는 것은 그들로 하여금 반反 대한민국 혁명투쟁을 재개하도록 격려하는 것과 같은 꼴이다.

두 정권은 또 '제주 4·3사건 진상조사위원회'를 만들어 대한민국 건국에 반대하여 일어난 폭동이었던 제주 4·3사건을 '폭동'이 아닌 '봉기'로 미화하면서 폭동가담자로 처벌된 자들을 대규모로 '희생자'로 명예 회복시키고 그 유족들에게 금전적 보상까지 제공했다.

제주 4·3사건 '희생자'들을 이처럼 우대하는 것은 제주 폭동의 진압을 위해 계엄령을 내린 이승만 당시 대통령과 그의 명령에 따라 폭동 진압에 나섰던 사람들을 모두 몹쓸 인간들로 전락시키는 작용을 한다.

노무현 정권 하에서는 대한민국의 존속에 해를 끼치는 범법자들을 처벌했던 여러 사건들을 정밀한 검토 작업도 없이 단지 확실한 물증이 없었다는 이유만으로 모두 조작된 사건으로 판정하고, 처벌된 사람들의 명예를 회복시키고 그 유족들에게 많은 액수의 보상금이 제공되도록 만들었다.

민주국가에서는 당연히 정당 간의 정권교체가 이루어져야 한다. 그러나 그러한 정권교체로 인한 정책의 변경이 국가의 정체성을 파괴하는 데까지 확대되어서는 안 된다. 김·노 정권 10년 동안에 자행되었던 '대한민국 모독하기' 조치들은 그러한 기본적 사항을 부정한 것이었다.

그러한 조치들은 대한민국 국민들로 하여금 국가허무주의 의식을 가지도록 유도하고, 국가허무주의 의식이 확산되면 대한민국의 존립기반이 약해지며, 민주주의도 불안정하게 된다.

앞으로는 정당 간에 정권교체가 이루어지더라도 김·노 정권 10년 동안에 행해진 것들과 같은 국가 자해적 일들이 발생하지 않도록 법적 장치라도 강구되어야 할 것 같다.

| 위대한 조선인이어서 위대한 세계인이 된 이승만 |

미국 대통령 앞에서 "저런 고얀 사람이 있나!"

조갑제 | 조갑제닷컴 대표 |

1946년 무렵 김일성과 박헌영은 스탈린 앞에 불려갔다. 스탈린은 시험 문제를 냈다. 두 사람은 각각 다른 방에 들어가 답안지를 써서 스탈린에게 제출하였다. 스탈린은 읽어 본 뒤 김일성을 북한정권의 꼭두각시 지도자로 결정하였다. 김일성은 이 사실을 황장엽 선생한테 자랑스럽게 이야기하였다고 한다.

이승만은 그런 김일성을 사람으로 취급하지 않았다. 이 대통령은 연설 때 김일성을 무시하고 늘 스탈린을 겨냥하여 이야기하였다. 김일성을 스탈린의 인형으로 정확하게 인식하였던 것이다. 그런 이승만은 미국 대통령을 향하여 호통을 친 사람이다. 1954년 7월 이승만 대통령은 아이젠하워 미국 대통령과 회담하기 위하여 미국을 방문했다.

그는 미국 의회 연설에서 미국의 어중간한 對 공산권 정책을 직설적으로 비판하여 미국행정부를 곤란하게 만들었다. 7월 30일 백악관에서 2차 정상회담이 예정되어 있었다. 영빈관인 블레어 하우스에 묵고 있던 이 대통령에게 미 국무성 부의전장이 정상회담 후 발표할 공동성명서 초안을 들고 왔다. 이 초안에는 이 대통령이 싫어하는 문장이 들어 있었다. '한국은 일본과의 관계에 있어서 우호적이고 운운' 하는 대목이었다.

미국은 한국과 일본이 국교를 수립하여 동아시아에서 미군 작전이 원활하게 될 수 있도록 하려고 했다. 여기에 이승만 대통령은 신경질적인 반응을 보이고 있었다. 이 대통령은 미국이 일본을 중점적으로 지원하는 것이 싫었고, 한국의 국력이 약한 입장이므로 일본과 수교하는 데는 시간이 지나야 한다는 생각이었다. 이 대통령은 즉각 참모들을 불러 모았다.

"이 친구들이 나를 불러놓고 올가미를 씌우려는 모양인데 그렇다면 아이젠하워 대통령을 만날 필요가 없지." 제2차 한미 정상회담 시간은 오전 10시부터인데 이 대통령은 움직이지 않았다. 백악관에서 "왜 안 오느냐"고 전화가 걸려왔다. 측근들이 "그래도 회담은 하셔야 합니다."라고 건의하여 이 대통령은 10분쯤 늦게 백악관 내 회담장에 도착했다. 아이젠하워 대통령은 이 자리에서 한일국교수립이 필요하다고 말을 꺼냈다. 화가 나 있었던 이승만 대통령은 '외교적 막말'을 했다.

"내가 살아 있는 한 일본하고는 상종을 하지 않을 것입니다."

아이젠하워(애칭 아이크) 대통령도 화를 벌컥 내면서 일어나 옆방으로 들어갔다. 이 대통령은 이때 아이크의 등을 바라보면서 소리쳤다. "저런 고얀 사람이 있나." 아이크는 가까스로 화를 식히고 회담장으로 돌아왔다.

이번엔 이 대통령이 일어났다. "외신 기자클럽에서 연설하려면 준비를 해야 합니다. 먼저 갑니다." 이 대통령에 이어 아이크도 나가버렸다. 양유찬 주미대사가 덜레스 국무장관을 설득하여 실무자들끼리 회담을 계속했다. 그래도 미국은 군사원조 4억 2,000만 달러, 경제원조 2억 8,000만 달러, 도합 7억 달러의 원조를 약속했다(한표욱 지음, 『이승만과 한미외교』참고. 중앙일보사 발간).

아이젠하워 대통령은 2차 세계대전 때 유럽전선의 연합군 사령관으로서 노르망디 상륙작전을 지휘했다. 1952년 대통령 선거에 공화당 후보로 나와 큰 차로 당선되었다. 아이크는 당선자 시절 한국전선을 방문했다. 그는 6·25전쟁을 끝내겠다는 공약을 했었다. 이때부터 이승만은 그를 좋아하지 않았다. 1875년생인 이승만은 정상회담 당시 79세로서 아이크보다 15세가 더 많았다.

이승만과 김일성의 인간 크기의 차이. 그 차이만큼 지금 남북한의 국력과 국격國格이 벌어져 있다. 1958년 9월 송인상 부흥부 장관은 김태동 조정국장과 재무부의 이한빈 예산국장을 데리고 미국을 방문하게 되었다. 미국의 원조를 많이 얻어내고 이를 한국의 실정에 맞게 사용할 수 있도록 교섭하기 위함이었다. 그들은 경무대로 이승만 대통령을 예방했다.

이 대통령은 "속담에 '우는 아이 젖준다' 고 그러지 않나. 우리의 어려운 사정과 억울한 이야기를 미국의 조야에 널리 알리게. 미국이 제 나라에서 치러야 했을 전쟁을 우리 땅에서 했으니 우리로서는 할 말이 있지 않나. 원조를 좀 더 많이 달라고 해봐. 그리고 '조그만 일에까지 너무 간섭하지 말라' 고 그렇게 이야기하게. 그렇지만 사람이 너무 잘게 굴면 위신이 서지 않아. 하물며 나라 일을 맡아 하는 사람에게 있어서는 나라의 위신이라는 것을 한시라도 잊어서는 안 되네." 이 대통령은 외교하는 데 보태 쓰라고 흰 봉투를 하나 주었다. 미화 1,000달러가 들어 있었다.

100달러 사용도 주저하는 이 대통령으로서는 큰돈이었다. 애국이란 무엇인가? 태평양을 날아가는 항공기 속에서 송 장관 일행 세 사람은 많은 이야기를 하면서 한잠도 못 잤다고 한다(송인상 회고록 『부흥과 성장』). 6·25 동란기에 주한미국대사였던 무초는 퇴임 후 역사기록을 위한 증언을 하는 가운데 이승만 대통령을 "국제정세에 관해서 최고의 안목을 가진 사람이었다."고 격찬했다.

무초는 또 이 대통령이 제퍼슨 민주주의자Jeffersonian democrats임을 자처했다고 말했다. 제퍼슨은 미국의 독립선언서를 기초한 사람이고, 3대 대통령을 지냈다. 미국 독립정신의 핵심을 만든 인물이다. 그가 주장한 민주주의를 신봉하는 이들을 제퍼슨 민주주의자라고 부른다. 우리의 건국 대통령이 제퍼슨식 민주주의를 신념화한 인물이었다면 그 흔적이 한국에 남아 있을 것이다. 제퍼슨은 민주주의의 약점과 대중의 우매함을 잘 안 사람이었다.

그는 국민들의 분별력이 약하여 민주주의를 운영할 자질이 부족할 경우에 어떻게 할 것인가를 고민했다. 제퍼슨은 그런 국민들로부터 주권을 회수하여 독재정치를 펼 것인가, 아니면 시간이 걸리더라도 국민을 교육할 것인가 자문했다. 결론은 후자였다.

제퍼슨 민주주의의 특징은 다음과 같다.
1. 작은 정부와 대의민주주의 존중: 미국 헌법 조문의 엄격한 해석으로 정부의 권력 남용을 막는다.
2. 국민의 재산과 권리를 수호하는 것이 정부의 기본 의무이다.
3. 국민의 알 권리와 정부에 대한 비판의 자유를 존중한다.
4. 정부는 인간의 자유를 보호하고 확장하는 것을 목표로 한다.
5. 교육을 중시한다.
6. 미국이 자유를 세계적으로 확산시키는 일을 해야 한다고 믿는다.
7. 종교와 정치를 분리하는 것이 가장 좋은 종교의 자유 보호책이다.

이승만 대통령이 신생 대한민국에서 제퍼슨식 민주주의를 그대로 구현하기란 불가능 했다. 그럼에도 이승만 대통령의 정책엔 제퍼슨식 민주주의와 유사한 면이 많다.

1. 정교(政敎)분리 : 이승만 대통령은 기독교 신도였으나 정치에 기독교를 끌어들이지 않았다. 기독교적 민주주의만이 공산주의와 싸워 이길 수 있다고 믿었으나 기독교를 우대하진 않았다.

2. 교육중시 : 이 대통령은 언론과 학교를 통하여 한국인을 깨우치면 일류국가를 만들 수 있다고 확신했다.

3. 사유재산권의 신성시 : 이 대통령은 농지개혁 때도 지주들에게 보상을 하도록 했고, 화폐개혁 때도 일정 액수 이상의 예금동결 계획에 반대했다.

4. 대의민주주의 존중 : 이 대통령은 국회와 많이 갈등했으나 국회를 해산시키지 않았다. 전시에도 국회는 정부를 맹렬히 비판했고, 대통령을 퇴진시키려 했다 전시에도 대통령 선거는 이뤄졌고, 특히 시, 읍, 면이회, 도의회 의원 선거가 치러졌다.

5. 언론자유의 존중 : 이 대통령은 정부 비판을 많이 하는 언론에 불만이 많았으나 조직적인 탄압을 거의 하지 않았다.

제퍼슨이 1950년대의 대한민국 대통령이었다고 해도 이승만보다 더 민주적으로 할 순 없었을 것이란 생각이 든다. 이승만은 미국과 미국인을 대함에 있어서 열등감이나 대책 없는 반항심을 일체 보이지 않고 당당하되 늘 감사했다. 나이 스물아홉 살에 쓴 『독립정신』에서 그는 '우리는 세계에 개방해야 한다'고 강조했지만 동시에 '외국인의 횡포에 대해선 생명을 바쳐서라도 시비를 가려야 한다'고 했다. 그는 배재학당을 다닐 무렵 서재필이 "미국에선 좋은 강연을 들으면 이렇게 박수를 친다"고 가르쳐주었을 때 "뭐, 조선인이 박수까지 따라할 필요가 있나?"라고 거부감을 느꼈다고 전기(傳記)를 쓴 서정주 시인에게 털어 놓았다.

조지 워싱턴, 하버드, 프린스턴 등 미국의 명문대학만 나온 그였지만 서정주에겐 '가장 변하지 않은 조선인'이 이승만이었다. 이승만은 취재차 매주 찾아오는 서정주에게 어느 날 "자네는 시인이라면서?"라고 하더니 미국 망명 시절에 쓴 한시를 들려주더라고 한다.

　　일신범범수천간(一身泛泛水天間)
　　만리태양기왕환(萬里太洋幾往還)
　　도처심상형승지(到處尋常形勝地)
　　몽혼장재한남산(夢魂長在漢南山)

(하늘과 물 사이를 이 한 몸이 흘러서 / 그 끝없는 바다를 얼마나 여러 번 오갔나 / 닿는 곳곳에는 명승지도 많더라만 / 내 꿈의 보금자리는 서울 남산뿐)

　시낭송을 듣던 서정주 시인은 순간, "내 가슴 속이 문득 복받쳐 오르며, 저절로 두 눈에선 눈물방울이 맺혀나기 시작했다"고 한다. 이런 생각이 떠올랐기 때문이다.

　"여기 누워계신 이 영감님이 쇠약해져 들어가던 조선 말기부터 이 나라 자주독립운동의 대표자로서 3·1운동 직후에는 중국 상하이에서 대한민국 임시정부의 맨 처음 대통령이시다. 그 뒤 다 늙은 할아버지가 되어 귀국하시도록까지 오직 이 민족의 해방만을 위해 동분서주하고 다니시면서도 마지막까지 그 가슴속에 못 박아 가지고 다녔던 그 한남산! 그 한남산!"

　여기까지 생각이 미치자 서정주 씨의 속에서도 어느 사이인지 그를 한 민족의 아버지로서 확인하는 "아버지!"하는 감동이 솟아날 수밖에 없었다고 한다.

　이 대통령은 서정주가 쓴 전기가 출판되자 자신의 아버지 이름 뒤에 경칭을 생략했다고 판매를 금지했다. 이승만의 거대한 생애는, 조선인이 조선인의 혼을 잃지 않을 때 세계적인 큰 인물이 될 수 있음을 보여준 것이다.

이승만은 미국과 이렇게 싸웠다

"한미 방위조약
안 맺으면 단독 북진"

이도형 |〈한국논단〉 대표 |

　건국 대통령 우남 이승만의 독립운동은 그가 스물아홉 살이던 1904년부터 시작 되었다. 그것은 운동이라기보다 강대국 미국을 상대로 한 투쟁의 시작이었다.

　이승만은 1904년 한성 감옥에서 6년 만에 풀려 나오자 고종황제 밀사 자격으로 미국에 건너가 시어도어 루즈벨트 대통령에게 '조선의 독립'을 호소하였다. 친일적인 루즈벨트는 입장이 난처해지자 "그 문제는 매우 중요하므로 외교 경로를 통해 오라"하여 젊은 이승만을 따돌려 버렸다. 그 후 5년 동안 하버드대 학사, 조지워싱턴대 석사, 프린스턴대 박사학위를 취득한 이승만은 서울~상하이~호놀룰루~워싱턴을 왕래하며 독립운동을 전개했다. 3.1운동 직후에는 한성정부에서 집정관총재(대통령)로 선출되었고, 일제의 심한 감시를 피해 다시 도미한 그는 구미위원회 위원장을 겸임하였다.

이승만이 미국을 근거지로 독립운동을 한 것은 두 가지 이유에서다. 하나는 남다른 영어 구사력, 다른 하나는 강대국인 미국만이 아시아에서 일본과 러시아의 영토 확장 야욕을 좌절시킬 수 있다고 판단했기 때문이다. 그러나 이미 미국은 강국으로 부상하는 일본을 경계한 나머지, 미국의 필리핀에 대한 권리와 조선에 대한 일본의 지배권을 맞바꾼 지 오래였다.(가쓰라-태프트 밀약/1905년)

이승만은 처음엔 이런 음모를 알 길이 없었다. 하지만, 1917년 러시아의 레닌 공산혁명 후 미국의 조야朝野에 일본의 군국주의와 소련의 공산주의 확산을 경계하는 메시지를 계속 전하고 언론을 통해 미국민 여론에 호소했다. 친일파가 많은 국무성에도 수시로 찾아가 일본의 음모를 알리려 애썼다. 1919년 3·1운동 후 이승만은 파리 만국평화회의에 참석키 위해 미 국무성에 재입국허가를 신청했으나 거부당했다. 프린스턴대의 은사(총장)이기도 한 윌슨 대통령을 찾아가 도움을 청했다. 윌슨은 이승만에게 "미국 시민권을 얻으라"고 권했다. 그러나 이승만은 단호히 거절했다. "나는 이래봬도 대한민국 임시 정부 대통령입니다. 어찌 남의 나라 국적을 얻을 수 있겠습니까?" 감동한 윌슨은 재입국 주선을 해 주면서 "일본을 자극할 우려가 있으니 회의장 입장은 삼가달라"고 청했다.

이후에도 이승만은 임정의 국제적 승인을 얻으려 국무성과 국회 등으로 동분서주했지만 번번이 좌절을 맛보았다. 이때 쌓인 울분과 전략이 1941년 6월 한권의 책으로 엮어져 나왔다. 『Japan Inside Out』(일본 그 가면의 실체)가 그것이다. 이 책에서 이승만은 일본 군국주의의 역사적 배경과 생성 과정 그리고 가까운 장래에 미국을 기습 공격할 것이라고 구체적인 예를 들어가며 경고했다. 그해 12월 8일(미국시간 7일) 이승만의 예언은 맞았다. 일본이 진주만을 기습한 것이다. 아무도 주목하지 않았던 이 책은 날개 돋

친 듯 팔렸다. 그럼에도 불구하고 미국 정부, 특히 국무성은 이승만에게 여전히 냉정했다. 제2차대전 수행에 있어서 유럽과 태평양 두 전선에 허덕이던 미국에게 소련은 사실상 동맹군이나 마찬가지 역할을 하고 있었기 때문이다.

진주만 공습 후 한 달도 안 된 1942년 1월 2일 이승만은 미 국무성을 찾았다. 그가 만난 관리는 당시 현직 프랭클린 루즈벨트 대통령의 측근이며 소련 붕괴 후에 소련의 간첩으로 밝혀진 앨저 히스Alger Hiss라는 인물이다. 미국대통령도 모르는 간첩을 알 턱이 없는 이승만은 그에게 대한민국 임시정부의 승인과 광복군을 위한 무기 공급을 간청했다. 이 자리에서 이승만은 2차대전 종료 후 소련의 한반도 점령을 경계해야 한다고 역설하고, 한국독립군에게 무기를 원조하는 것은 미국에게 일본과 소련을 막아내는 일거양득이 된다고 강조했다. 소련의 첩자인 히스는 화를 냈다.

그 후 1945년 2월 얄타에서 루즈벨트, 처칠, 스탈린 3거두가 전후처리를 논의할 때, 히스는 루즈벨트에게 소련에 유리하게 작용하도록 진언했다. 바로 소련의 극동 참전 불가피론이다. 내심 소련 참전을 바랐던 미·영은 즉시 합의함으로써 소련군의 한반도점령을 일찌감치 허용한 셈이 되었다. 뒤늦게 이 사실을 알고 이승만은 맹렬한 반대운동을 벌였다.

대전이 끝난 넉 달 후 1945년 12월 미·영·소 3국 외무장관들은 모스크바에서 다시 만나 한반도의 신탁통치안을 결의했다. 이승만에게는 청천벽력이었다. 그는 김구, 김규식 등 모든 지도자들과 함께 탁치託治반대투쟁을 전개했다.

미·소 양국은 모스크바 합의대로 한반도 문제 해결을 위해 1946년 덕수궁에서 미·소공동위원회를 열었다. 소련은 반탁의 민족진영은 배제하고 찬탁贊託의 공산진영만 회의에 참석시키자고 주장했고, 미국대표 존 R. 하지 중장도 이에 동조했다.

"한미 방위조약 안 맺으면 단독 북진" 53

미국은 사생결단으로 탁치를 반대하는 이승만을 제거할 음모까지 꾸몄다. 『미국의 대외정책』1946년도판 715-716쪽과 743-744쪽을 보면 이승만 제거 계획이 밝혀져 있다. 이런 가운데 이승만은 46년 9월 23일 하지를 만나 격론을 벌였고, 하지는 "미국정책에 사사건건 반대하는 이승만은 영원히 권력을 잡지 못할 것"이라고 배척했다.

이승만은 무지무식한 하지를 제쳐놓고 도쿄東京의 맥아더에게 연락, 그가 보낸 군용기를 타고 워싱턴으로 날아가 트루먼 대통령 이하 행정부와 의회지도자들을 두루 만나 담판했다. 즉 한국민은 일본 대신 또다시 소련의 지배를 받게 되는 신탁통치를 절대 반대한다며 자주독립국가 창건을 강력히 호소했다. 반면 정치도 공산당도 모르는 하지는 무턱대고 남한 정치인들을 모아 '좌우합작'만을 추진했다. 그러나 미소공위는 실패했다.

한국문제는 곡절 끝에 유엔으로 이관되었고 48년 5월 한국역사 최초의 민주적 총선거가 실시되었다. 미국과 소련과 북한과 국내반대파에 맞서 이승만이 고군분투한 결과였다.

소련과 김일성은 끈질기게 남한을 선동 파괴했다. 46년 9월의 총파업, 10월 대구폭동, 총선거를 방해하려는 48년 4·3 제주폭동, 그리고 8·15 대한민국 건국에 맞춰 여수·순천에서 군내 좌익반란을 일으켰고, 마침내 50년 6월 25일 기습남침을 감행했다.

신생 대한민국은 맥없이 쫓기고 말았다. 북한의 남침을 예상한 이승만은 끊임없이 미국에 군사원조를 요청했으나 한번 철수한 미국은 마이동풍이었기 때문이다. 유엔군이 압록강까지 진격하자 뜻밖에 중공군의 참전으로 38선일대서 일진일퇴를 거듭하던 때, 사불여의事不如意 소련이 51년 6월 21일 휴전을 제의했다. 2차대전에 이은 한국전쟁으로 지친 미국과 연합국도 이에 호응, 7월 10일부터 개성에서 휴전회담이 시작되었다.

그러나 통일의 기회를 놓친 이승만은 휴전을 결사반대했다. 전국민과 함께 단독 북진통일 운동을 전개했다. 1952년 미국 대선에서 한국휴전을 공약한 드와이트 아이젠하워(아이크)가 당선되었다. 이승만은 가만히 있지 않았다. 미국의 휴전협상을 사사건건 반대했다.

미국은 또 다시 이승만 제거계획을 은밀히 추진했다. 당시 주한미군사령관이었던 맥스웰 테일러 장군은 한국군의 모 장성을 동원, 이승만 제거작전을 세웠다. 이 음모는 결국 실패했지만 후에 널리 알려졌다. 그만큼 이승만 대통령은 미국의 전후정책 수행에 치명적인 장애물이었던 것이다.

휴전조인을 몇 달 앞둔 시점에서 미국은 곤경에 빠졌다. 미국의 이익을 위해 휴전조인을 강행할 경우 이승만 대통령이 단독 북진한다면 휴전은 깨질 것이다. 이승만의 북진통일 주장은 그렇게 위협적이었다.

결정타는 이승만의 반공 포로 석방이었다. 포로수용소 안에서 반공 포로들은 공산포로들에게 매일 살해당하고 있었다. 이승만은 이들 반공 포로 2만 5천여 명을 극비리에 전격적으로 석방시켜 버렸다. 휴전조인 한 달 전인 53년 6월 18일의 일이다. 미국은 물론 전 세계가 놀랐다.

당황한 미국은 부랴부랴 이승만을 달래기 위해 미국으로 초청했지만 그는 "나는 못 간다. 국무장관 덜레스를 보내라"고 버티었다. 미국은 어쩔 수 없이 국무차관보 월터 로버츠를 대신 서울로 보냈다. 이승만은 로버츠에게 휴전 수락 조건을 제시했다.

1. 한미 방위조약 체결 2. 장기경제 원조 및 첫 조치로 2억 달러 공여 3. 한국군 증강 원조 지속 4. 한미고위급회담 정례화 등이다. 미국은 결국 이 조건들을 수락하고 말았다.

휴전협정이 조인되자 유엔군사령관 마크 클라크 대장은 말했다. "싸워서 이기기보다 평화를 얻는 게 더 어려웠고, 적군보다 이승만대통령이 더 힘들었다"고.

이승만은 대한민국의 이익을 위해 우방 미국의 세계전략을 여러 번 수정하게 만들었다. 대한민국은 그의 미국과의 투쟁으로 태어났고 성장했다고 해도 과언이 아닐 것이다.

30만 달러 현상 붙은 사나이

<뉴데일리> 편집부

　1919년 3·1운동 한 달 뒤인 4월 23일 서울에서 선포된 한성漢城임시정부는 이승만을 정부 수반인 '집정관 총재'로 선출했다. 이때부터 이승만은 워싱턴에서 '대한공화국Republic of Korea'라는 국호를 정해 처음 쓰기 시작했다. 직함은 President로 번역하여 썼다. 이보다 열흘 전에 출범한 상해임시정부에선 대통령·부통령이 없는 국무총리로 지명되어 있었다.
　노령임시정부와 함께 3분 된 조직을 통합하려는 운동이 벌어져 같은 해 9월에 상하이에서 통합 임시정부가 세워지게 되었고 대통령엔 이승만이 추대되었다. 김구는 경호를 맡는 경무국장이 되었다.
　'대통령이 부임해야 한다'는 상해임정의 요청에 이승만은 비서 임병직과 함께 중국에 가기로 했다. 일본이 30만 달러 현상금을 걸어놓았기 때문에 행선지를 숨기려고 우선 하와이로 떠났다. 당시 중국으로 가는 배는 거의 일본을 거쳤으므로 중국 직행 배를 기다려야 했다.
　하와이엔 장의사를 운영하는 미국인 친구 보스윅이 있었다. 그의 주선으로 1920년 11월 15일 중국 직행 선박에 올랐다. 보스윅은 선장과 두 사람의 밀항을 합의해 두었다.

두 사람은 배표도 없이 몰래 배에 올랐다. 숨어 들어간 곳은 갑판 아래 창고였다. 창고 안에는 시체 썩는 냄새가 진동했다. 그것은 중국인 노무자들의 시체가 담긴 관들을 가득 실은 배였다. 발각되면 안 되기에 관 사이에 몸을 숨기고 악취와 싸운 두 사람은 다음날 밤중에 2등 항해사 앞에 나섰다. 항해사는 가난한 아버지와 아들이 몰래 탄 것으로 여기고 선장에게 끌고 갔다. 선장은 아무 것도 모르는 체 야단을 친 다음, 몸으로 갚으라며 노동을 명령했다. 젊은 임병직에겐 청소를 맡기고 이승만은 망보는 일을 맡게 되었다.

1932년 크리스마스 때 제네바에 도착한 이승만은 각국의 국제연맹 대표들과 기자들을 만나 한국 독립문제를 의제로 채택해 줄 것은 호소했다. 주요 의제가 '일본의 만주침략' 이었으므로 피해자는 만주만이 아니라 한반도이며 한국독립이 세계평화에 더 중요하다는 것을 역설하여 〈주르날 드 주네브〉 등 3개 신문에 실렸고, 방송을 이용해 열변을 토했다. 그러나 미·영·불 등 열강은 소련 공산주의의 극동 확산을 막으려면 일본의 도움이 필요했으므로 이승만의 요구는 논의 결과 의제에서 제외했다.

희망과 좌절 사이를 헤매며 새해를 맞은 이승만이 저녁식사를 하러 호텔 식당에 들어갔다. 총회 때문에 붐비는 식당은 자리가 없어 백인 모녀가 앉은 식탁에 합석하게 되었다.

프란체스카 도너 Francesca Donner. 어머니와 함께 프랑스 여행을 마치고 비엔나로 가는 기차를 타기 위해 제네바에 온 그녀, 인사를 나눈 두 남녀는 강렬하게 끌리고 있었다. 오스트리아 수도 비엔나에서 철물무역과 소다수 공장을 경영하는 기업인의 세 딸 중 막내인 프란체스카는 33세, 이승만은 58세. 두 사람은 며칠 지내면서 급속도로 가까워졌다.

미국에 돌아간 이승만은 결혼을 약속한 프란체스카를 초청할 수가 없었다. 미국 시민권이 없는 무국적 망명객 신분이기 때문이다. 결국 비엔나의 프란체스카가 이민을 신청해 미국으로 왔고, 1934년 10월 8일 만난 지 1년 10개월 만에 뉴욕의 몽클레어 호텔에서 결혼식을 올렸다. 이것은 동지의 결합이었다. 아내 역시 모든 것을 한국독립을 위해 바쳤기 때문이다.

이보다 26년 전 프린스턴 대학원시절, 33세의 이승만에게 접근한 여인이 있었다. 우드로 윌슨 총장의 둘째 딸 제시였다. 미국 대통령이 된 뒤에도 이승만을 많이 도와준 윌슨 총장은 외로운 한국인 천재 이승만을 집으로 자주 불렀는데, 세 딸들은 피아노를 치고 노래를 가르쳐주면서 이승만을 즐겁게 해주었다. 그중에 제시가 특히 이승만에게 동정적이었지만 망명객 신분 때문에 사랑하는 여인과 결혼하기는 힘들었다.

김구나 안창호 등 당시 해외 독립 운동가들은 대부분 편이상 중국국적이나 미국국적을 얻었다. 미국 국적을 권유받을 때마다 이승만은 "필요 없습니다. 한국은 곧 독립될 테니까요"라며 웃었다. 미국정부나 의회와 교섭하는 일은 망명객 신분이 늘 장애물이 되었다. 그 때문에 이승만은 항상 미국인이나 미국단체를 내세워야 하는 불편을 감수해야 했다. 언젠가 윌슨도 왜 시민권을 얻지 그러느냐고 권유했다. 이승만은 또 웃으며 말했다.

"이래봬도 저는 대한민국 대통령입니다."

옥중집필 명저名著 『독립정신』은 어떤 책?

29세 때 이미 민주국가 철학 완성했다

김효선 | 〈한국논단〉 편집위원 |

이승만의 대표적인 옥중저서인 『독립정신』은 한성감옥서에 수감된 지 5년 1개월이 지난 1904년 2월 19일 집필을 시작하여 4개월여 만인 1904년 6월 29일 탈고했다. 옥중에서 러일전쟁이 발발하자 대한제국의 미래가 불투명함을 인식하고 민중을 계몽하기 위해 『독립정신』을 집필한 것이다.

"세상 형편이 돌아가는 것을 생각하면 울분이 치솟아 몇 권의 책을 번역하며 잊으려 하기도 했으나 어느 것도 발간되지 못하여 울적함을 참을 길이 없었다. 때마침 러일전쟁이 벌어지고 있어 남아로서 가만히 앉아있을 수 없었다. 분노가 치밀어 눈물을 금치못하여…내용이 부족한 점도 있고 일관성도 적지만 내용의 핵심은 '독립'이란 두 글자이다."(머리말)

일본의 대 러시아 선전포고문에서도 밝혔듯이 이 전쟁의 명분은 대한제국의 주권과 영토보전이었으니 이승만을 비롯한 당시의 개화파 지식인들이 러일전쟁 발발 소식을 듣고 비분강개悲憤慷慨했던 것은 당연하다.

"…전국 동포들에게 호소하여 모든 동포들이 힘을 합하여 명맥이 끊어질 위기에 처해있는 대한제국의 독립과 권리를 보전하여 영원무궁하게 만들고자 함이다. …어리석은 아내와 아이들이라도 그들의 마음속에 독립이라는 정신만 깊이 박혀 있다면, 2천만 동포가 다 죽어 없어지고 한 사람이라도 살아 있어 대한 독립을 지키겠다는 정신만 살아있다면, 독립이라는 말이 없어진들 무엇이 걱정이며 세계 만국이 능멸하기로 무엇이 두렵겠는가. 그러므로 인민들의 정신 속에 독립의 의지를 심어주는 것이 가장시급한 일이다. 그래서 나는 이 책을 황급히 쓰고 있는 것이다."

이승만은 19세가 되던 1894년에 터진 청일전쟁과 전쟁의 와중에 시작된 갑오경장으로 과거제도가 폐지되자 신긍우의 권유로 영어를 비롯한 신학문을 배우기 위해 1985년 4월에 배재학당에 입학했다. 이승만은 배재학당에서 자유, 평등, 민권 등 근대적 정치이념과 미국식 민주주의 제도를 처음 알게 되었다.

"내가 배재학당에 가기로 하면서 가졌던 포부는 영어만을 배우고자 하는 것이었다. 그러나 나는 그곳에서 영어보다 훨씬 더 중요한 것을 배웠는데, 그것은 정치적 자유에 대한 사상이었다. 한국 사람들이 정치적으로 어떻게 억압받고 있었는지 조금이라도 아는 사람이라면 기독교 국가 시민들은 그들의 통치자들의 억압으로부터 법적으로 보호받고 있다는 사실을 생전 처음으로 들은 나의 가슴에 어떠한 변화가 있었던지 상상할 수가 있을 것이다. 너무나 혁명적인 것이었다. 나는 '우리나라에서도 그와 같은 정치적 원칙을 따를 수 있다면 얼마나 좋을까' 하는 생각을 하게 되었다."(1912년에 쓴 회고)

1896년 11월, 이승만은 서재필의 지도 아래 '협성회'라는 미국식 토론회를 조직한 창설멤버로 활동했다. 7개월 후 졸업식에서 이승만은 '한국의 독립Independence of Korea'이라는 주제로 영어연설을 하여 극찬을 받았고, 일약 장안의 유망한 청년으로 떠올랐다. 배재학당을 졸업한 이승만은 1898년 양홍묵과 함께 <협성회회보>를 창간하고 그 회보의 주필이 되어 논설을 쓰며 언론인으로서의 활동을 시작했다.

  1898년 4월 9일에는 유영석, 최정식 등과 함께 한국인 최초의 일간신문인 <매일신문>을 창간하고, 같은 해 8월 10일 이종일과 함께 <제국신문>을 창간하여 주필로 활약했다.

  한편 서재필과 함께 설립한 독립협회의 정치개혁운동에도 선봉에 선 이승만은 1898년 3월부터 시작된 독립협회의 만민공동회에서 선도적 역할을 담당했다. 독립협회는 인민참정권운동에 박차를 가했고, 10월 29일에 관민공동회를 개최하여 고종으로부터 수구파 대신 퇴진 및 독립협회 측이 제시한 '헌의6조'를 실천하겠다는 약속을 받아냈다. 놀란 수구파는 고종에게 독립협회가 공화정을 실시하려 한다고 익명으로 무고誣告했다. 이에 고종은 독립협회 간부 17명을 전격 체포·구금하고 독립협회를 해산했다. 그러자 이승만은 배재학당 학생들과 민중을 규합하여 경무청과 평리원 앞에서 연일 철야농성을 벌이며 체포된 독립협회 간부 석방과 '헌의6조' 실천을 요구했다. 결국 고종은 11월 10일 구속된 독립협회 간부 17명을 석방했고 '헌의6조' 실천을 약속했다.

  그러나 이승만은 더욱 과감한 정치개혁을 추진했다. 제1차 중추원회의에서 최정덕과 함께 당시 일본에 망명 중이던 급진개혁가 박영효를 불러들여 내각수반으로 기용하자고 동의하는 일에 앞장섰다. 이 일로 말미암아 고종의 노여움을 산 이승만은 관직을 빼앗기고 중추원은 해체되었다. 더욱 대담한 행동에 나선 이승만은 고종 양위讓位음모사건에 연루되어 1899년 1월 9일 체포·수감되었다. 이승만은 감방 동료 최정식의 탈옥 제의를 받아들여 1899년 1월 30일 탈옥을 결행했으나 붙잡히고 말았다.

이승만은 옥중학교와 옥중 도서관을 개설하여 수감자들을 교육시키는 한편 각종 서적 번역과 영한사전 편찬 작업, 저서 집필, 논설 기고 등 왕성한 활동을 했다. <제국신문>에 기고한 논설을 통하여 망국亡國에 대한 경종을 울리는 한편 조정관리들의 무능과 부패에 대해 신랄하게 비판했다.

그러나 고종과 조정관리들은 여전히 '독립'의 중요성을 깨닫지 못했고, 개혁의 필요성도 깨닫지 못했다. 당시 고종이나 조정 관리들의 인식이 어떠했는지를 맥켄지는 이용익과의 대화 내용을 그의 저서에 다음과 같이 기술했다.

우리는 그의 사랑방 마루에 앉아서 시국을 토론했다. 나는 한국이 멸망하지 않으려면 개혁을 해야 한다고 역설했는데, 그는 미국과 유럽 나라들이 독립을 보장하고 있기 때문에 안전하다고 반론했다.

"아니 그것을 모르시오? 힘으로 뒷받침 되지 않는 조약은 아무 소용도 없다는 것을 모르시오? 당신이 그 조약들을 지키도록 하려면 그만한 노력을 해야 할 것이 아니겠소? 당신의 나라는 개혁을 하지 않으면 망하게 될 것이오"라고 나는 역설했지만 그는 "다른 나라들이 무엇을 하든 상관이 없소. 우리는 우리가 중립한다는 것을 선명宣明했고 우리의 중립을 존중하라고 당부했소."라고 고집했다. "미국은 약속했소. 무슨 일이 있든지 미국은 우리의 우방으로 남을 것이오."라고 말하는 것이었다. 사흘 후에 러시아 군함들은 제물포 앞 바다에 침몰해버렸고…일본 군인들이 조선황제의 궁궐을 점령했다.

『독립정신』의 내용

『독립정신』은 51장과 후록으로 구성되어 있다. 1장부터 10장까지는 당시 조선이 처한 상황에 대한 분석과 비판, 독립을 위한 백성의 역할의 중요성을 들며 백성의 각성과 개혁의 필요성 등에 대해 언급했다.

1장에 들어가면서 이승만은 "삼천리강산 우리 대한은 삼천만 백성을 싣고 폭풍우 몰아치는 바다 위에 표류하고 있는 배와 같다"고 비유하고 사공과 선객들이 협력하여 위기에 처한 배를 구해야 한다고 주장했다. 2장부터는 우리가 얼마나 위태한 상황에 처했는지, 왜 그러한 지경에 처하게 되었는지를 설명했다. 나라를 이 지경으로 만든 데 대해 각자가 얼마간의 책임이 있다는 것을 깨닫고 이제부터라도 각자 먼저 백성으로서의 책임을 다하기를 주문했다.

5장부터 10장까지는 문명부강한 나라를 만들기 위해 백성이 취해야 할 자세에 대해 설명했다. 지금까지 오랜 압제와 고루한 풍습이 백성들의 사기를 꺾어놓아 경쟁심은 사라지고 독립하려는 의지도 없으므로 하루속히 마음속에 독립정신을 굳게 하며, 외국과의 통상은 우리에게 이로운 것이므로 적극적으로 문호를 개방하여 교류하고 개화에 힘쓰라고 당부했다.

8장에서는 독립국과 중립국의 차이에 대해 설명했는데, 이는 당시 일부 조정 관리들이 스위스와 같은 중립국을 만들자는 생각을 가졌던 것에서 기인起因하는 것 같다.

11장부터 21장까지는 국민 계몽을 위한 글이다. 특이한 것은 민주주의의 장점을 설명하며 미국독립사에 많은 부분을 할애했다는 점이다. 22장부터 25장까지는 백성의 의무와 자유권리의 한계에 대해 설명했다.

26장부터는 19세기 말부터 20세기 초에 걸쳐 이승만이 직접 보고 듣거나 경험한 내용을 중심으로 논했다. 조선의 국내 상황과 조선에 대한 영향력 확대를 위한 청·일·러의 각축, 청일전쟁이 조선에 미친 영향과 러일전쟁이 조선에 미칠 영향 등에 대해서도 자세하게 분석해 놓았다. 특히 이 부분은 18세기 중엽부터 근대에 이르기까지 조선 내부에서 발생한 사건, 조선과 주변국과의 관계 및 사건을 구체적으로 기술했기 때문에 역사적 사료로서의 가치 또한 매우 높다고 할 수 있다.

러일전쟁에서 일본의 승리가 확실시 되자 일본정부의 의도가 노골적으로 표출되기 시작했다. 일례로 1904년 3월 초, 양국 황실 간의 친선을 도모한다는 핑계로 특명대사 이토 히로부미를 파견하였다. 이승만은 50장과 51장에서 일본정부의 의도가 대한제국에 얼마나 해로울 수 있는가를 예리하게 지적하고 대한 조정의 무능과 분노를 다음과 같이 토로했다.

"슬프다! 대한동포들은 장차 어디로 가려는가.…이것은 우리나라에 직접적으로 영향을 미치는 중대한 문제이지만 우리는 그것을 논의조차 할 수 없다.

나라의 권리와 이익을 누구에게 팔아먹으려는지 또는 이미 팔아 넘겼는지 알 수도 없고 알려고 하지도 않는다. 오히려 외국인들이 우리나라에 관한 문제를 자기 나라 정부에 이것저것 요청하며 시행해달라고 하고 있으니, 이 어찌 우리나라에 백성이 있다 하리오."

그리고는 나라의 운명이 위태한 상태에서 취해야 할 지침을 다음과 같이 제시했다.

"지금 우리에게 급하고, 급하고, 또 급한 일은 다른 무엇이 아니고 알려고 하는 것과 다른 사람들에게 알게 하는 것이다. 우리는 나라 형편에 행운이 오기만을 기다리지 말고, 낙심하지도 말며, 정부가 어찌 되든지 상관하지도 말고, 또한 갑자기 정부에 반대하려 하지 말고, 각자가 나라의 주권을 보호할만한 사람이 되어서 밤낮을 가리지 않고 나라의 형편과 우리가 해야 할 일을 열심히 전파하여 하루속히 전국 모든 백성들에게 다 알게 해야 할 것이다.

목숨을 바칠 각오로 대한제국의 자유와 독립을 나 혼자라도 지키며, 우리 2천만 동포 중 1천 999만 9천 999명이 모두 머리를 숙이거나 모두 살해된 후에라도 나한 사람이라도 태극기를 받들어 머리를 높이 들고 앞으로 전진하며, 한 걸음도 뒤로 물러나지 않을 것을 각자 마음속에 맹세하고 다시 맹세하고 천만번 맹세합시다."

마지막으로 이 책의 백미白眉라고 할 수 있는 '독립정신 실천 6대 강령'(독립주의의 긴요한 조목)을 살펴보고자 한다.

첫째, 우리는 세계에 대해 개방해야 한다.

둘째, 새로운 문물을 자신과 집안과 나라를 보전하는 근본으로 삼아야 한다.

셋째, 외교를 잘해야 한다.

넷째, 나라의 주권을 소중히 여겨야 한다.

다섯째, 도덕적 의무를 소중히 여겨야 한다.

여섯째, 자유를 소중히 여겨야 한다.

첫째와 둘째는 서로 연결되는 주제로 당시 조선사회의 폐쇄성을 지적하며, 세계에 대해 개방하고 과감하게 새로운 문물을 받아들여야 한다고 주장했다. 개방하는 정도가 아니라 반드시 교류해야 한다고 강조하고 교류를 통한 통상通商은 서로에게 이익이 되며, 나라를 부강하게 만드는 근본이라고 했다. 그러나 소극적인 교류가 아닌, 이익 발생을 위해서는 상권 확보가 시급하므로 우리도 외국으로 나가 국제사회의 상업의 실상을 관찰하는 등의 적극적인 교류를 추진해야하며, 수출입의 주도권을 우리가 가질 수 있도록 하여 수입과 수출의 균형을 맞춰야만 이익을 얻을 수 있다는 국제통상원리 내지는 경제원리를 설파하며 무역입국을 부강富强의 조건으로 제시했다. 사농공상士農工商이라는 사회계급이 깊게 뿌리박힌 당시로서는 획기적인 세계관이 아닐 수 없다.

이승만은 대한제국이 주변국에 의해 자주권을 침해받게 된 원인을 자주적인 외교를 하지 못했기 때문으로 진단하고 셋째 강령에서 외교의 중요성을 특별히 강조했다. 강대국 사이에서 약한 나라가 생존하기 위해서는 외교가 매우 중요하다고 역설했고, 이승만의 이러한 주장이 옳았음은 독립투쟁 과정과 건국 후 국정國政에서 여실히 증명해 보였다. 또한 국가에 대한 책임과 의무의 중요성을 논하며 권리를 주장하기 위해서는 먼저 국가에 대한 책임과 의무를 다하고, 국기國旗를 존중하는 것을 배워야한다고 했다. 이승만은 특히 외국 국적을 갖지 말 것을 강조했다. 이 말은 이승만 자신이 평생을 미국에서 독립투쟁을 하면서도 미국 국적을 한사코 취득하지 않은 것으로 실천되었다. 당시 김구, 안창호, 서재필 등 해외 독립운동가들이 편의상 중국과 미국 국적을 갖고 있었던 것과 극명히 대조된다.

이렇게 옥중 감시 속에서 몰래 쓰여진 『독립정신』은 국내에서 발간되지 못하고 옥중 동지 박용만에 의해 미국으로 반출되어 1910년에 로스앤젤레스에서 출판되었다.

| 인생 바꾼 한성감옥서 6년 |

모진 고문 속 첫 기도

유영익 저서 |『젊은 날의 이승만』(2002)에서 발췌|

　독립협회의 총대의원으로 왕정개혁을 부르짖던 이승만은 고종황제의 폐위음모에 가담하였다는 혐의로 체포되어 투옥되었다. 24세가 되는 1899년 1월 9일부터 1904년 8월 7일까지 한성감옥서에 갇혀있던 이승만에게 5년 7개월의 세월은 인생의 대전환점이 되었다.

　첫째는 완전한 기독교인이 된 것이고, 둘째는 『독립정신』이라는 책을 저술하면서 그의 정치이념과 국가철학을 완성했기 때문이다. 또한 수감된 동지들과 함께 옥중학교와 서적실을 개설 운영했고 수많은 신문 논설을 쓰고 한영사전 편찬도 시도했으며, 엄청난 독서와 번역까지 했다.

　목엔 수갑, 발목엔 족쇄, 목에는 무거운 나무칼을 쓴 채, 조만간 처형될지도 모른다는 죽음의 공포 속에서 미결수 이승만. 모진 고문과 곤장을 맞으며 고통과 통한 속에서 차입된 신약성서를 읽던 어느 날 그는 기독교도가 되기로 결심한다.

"나는 감방에서 혼자 있는 시간이면 성경을 읽었다. 배재학교 다닐 때는 그 책이 아무 의미가 없었는데 어느 날 선교사가 하나님께 기도하면 응답해주신다던 말이 생각났다. 그래서 나는 평생 처음으로 감방에서 '오 하나님, 나의 영혼을 구해주시옵소서. 오 하나님, 우리나라를 구해주옵소서!'라고 기도했다. 그랬더니 감방이 환한 빛으로 가득 채워지는 것 같았고 나의 마음에 기쁨이 넘치는 평안이 깃들면서 변한 사람이 되었다. 내가 선교사들과 그들의 종교에 대해 갖고 있던 증오감, 불신감이 사라졌다."(이승만: 투옥경위서)

이승만은 그때까지 미국 선교사들이 한국을 병탄히려는 목적으로 침투한 미국정부 앞잡이 agents로 간주하고 있었다. 왜냐하면 1년 전인 1898년 미국이 하와이를 병탄했을 때, 선교사들이 먼저 원주민을 개종시킨 뒤 미국 군사들이 하와이 여왕을 폐위 시켰다는 사실을 알았기 때문에 조선에서도 똑같은 계획을 수행하는 줄 여겼던 것이다. 기독교에 귀의한 이승만은 성경을 몰래 읽으면서 인간의 자유와 평등에 대한 신념을 더욱 굳게 가지게 됐다.

감방에는 죄수들이 항아리를 갖는 것은 허용되었다. 이승만은 그 항아리를 눕히고 들어가 촛불을 켜고 공부했다. 선교사들이 들여보내는 영어책과 잡지들을 읽으면서 문장들을 외웠고, 일영日英사전의 영어단어를 몽땅 외웠다. 과거시험 공부할 때 한문서적을 암기했던 방법이었다. 종교서적은 물론 국제법 관련 서적들을 탐독했고,『만국사략』,『주복문답』,『감리교역사』,『기초영문법』 등을 번역했다. 시집『체역집』과『산술』책도 썼다. 한국인 최초로 영한사전을 편찬하던 중에 러일전쟁 발발소식을 듣고 충격을 받은 이승만은 아깝게도 이 사전을 중단하고『독립정신』을 쓰기 시작했다. 투옥 전에 한국 최초의 일간신문 <매일신문>을 창간했고 <데국

신문>을 창간, 편집인이었던 이승만은 옥중에서 75편이나 논설을 써서 기고했다.

이승만은 한성감옥서장 김영선에게 '옥중학당' 개설을 탄원했다. 감동한 김영선은 학당운영을 허락했을 뿐만 아니라 문필도구를 돕고 옥리들로부터 의연금을 거둬 지원해주었다. 1902년부터 각 칸에 있는 아이들 수십 명을 모아 영어, 일어, 산수, 세계지리 등을 가르치고, 어른 죄수반에는 신학문과 성경을 가르쳤다.

"서적실을 설시設始하야 죄수들로 하여금 임의로 책을 읽어보게 하려함에 성서공회에서 기꺼이 찬조하야 지폐 50원을 허락함에 책장을 만들고 서책을 수집함에, 심지어 일본과 상하이의 외국선교사들이 듣고 서책을 보내는 자 무수한 지라…."

'감옥서 도서대출부'에 의하면, 1903년 1월부터 1904년 8월까지 한번 이상 책을 빌려 본 사람은 229명, 대출도서는 2,020권이었다. 순 한글 도서가 52종, 한문도서가 223종으로 세계사, 국제법에 관련된 서적들이 많고 청나라 말기 개혁운동 관련 책들이 다수였다.

『우남 이승만 박사 서집』(1990)에 실린 휘호들이 보여주듯이 이승만은 서예에 뛰어났다.

"…붓글씨를 쓰는 것은 재미있는 일이며 근육의 긴장을 푸는 데도 도움이 된다.…훌륭한 학자가 구비해야 할 요건으로 서예가를 만들려고 했던 부모님에 대한 의무감에서 붓글씨를 시작했다. 간수들의 호의로 붓과 잉크를 사용해도 좋다는 허락을 받았을 때 이것이 서예의 절호의 기회라고 생각하고…나의 손가락 셋이 굳어져 내 손을 망쳐 불구화 되었다."

손가락을 망칠 정도로 서예를 연습한 이승만은 죄수들 중에 한시漢詩 동호인들을 찾아내어 함께 시를 지었는데 한시집 『체역집』에 100여 수가 담겨있다.

옥중세모獄中歲暮

밤마다 긴 긴 사연 닭이 울도록
이 해도 거의로다 집이 그리워
사람은 벌레처럼 구먹에 살고
세월은 시냇물처럼 따라가누나
어버이께 설술을 올려보고파
솜옷을 부쳐준 아내 보고파

투옥되기 8년 전 열여섯 살에 동갑내기 박 씨아 결혼한 이승만은 이내를 그리는 시도 썼고, 1년 전에 태어난 외아들 봉수(아명 태산)에 대한 애틋함을 관습대로 직설적으로 표현하지 못하고 부친을 위한 시에다 한줄 덧붙인 것도 있다. (훗날 미국에서 공부하는 아버지에게 보내졌던 이 7대 독자는 1906년 디프테리아에 걸려 필라델피아에서 9살에 숨지고 말았다.)

그는 정치 시도 썼는데 시에서도 외교의 중요성을 강조했다.

정치의 급무는 외교에 있고
일일랑 능한 분께 물어 보소
외로우면 나라가 위태롭다오
자유로써 백성을 인도합세다
그릇된 옛 법은 선뜻 고치고
신식도 좋으면 받아들이소

나라 세우기 X파일-이승만 없었다면 대한민국 없다

"동유럽 공산화 뻔히 보면서 합작하라고?"

이승만의 독립투쟁시절(1942년)부터 대통령 퇴임(1960년)까지 정치고문이었던 로버트 T. 올리버 박사. 해방 후 대한민국 건국을 위해 고군분투하는 이승만을 도왔고, 6·25전쟁 과정에서 대미관계에 큰 역할을 맡았던 그는 수많은 이승만의 편지를 자료로 책을 썼다. 『나라세우기 X파일-이승만 없었다면 대한민국 없다』(박일영 번역, 2008.8.15. 동서문화사). 다음 내용은 이 책에서 해방공간을 중심으로 극히 일부만 발췌한 것이다.

● 일본인들을 일본열도로 다시 몰아넣기 위해 미국은 영도력을 발휘하라. 궁극적으로 미국과 일본의 충돌은 불가피하다. 소련이 나치스 독일과 싸우는 동안 일본은 머지않아 시베리아의 연해주를 점령하든가 태평양으로 밀고 나올 것이다. (이승만 두 번째 저서 1941년 6월 출간 『일본의 내막을 벗긴다』 Japan Inside Out의 예언. 6개월 뒤 일본이 진주만을 공격하자 베스트셀러가 됨)

●나치스 점령 하에서 도망 나온 유럽 여러 나라 망명정부를 승인했듯

이 우리 임시정부도 똑같은 승인과 원조를 주어야 한다. 왜냐하면 소련은 오래전부터 한반도의 부동항을 얻으려 노력해왔기 때문에 미국은 먼저 손을 써서 대한민국임시정부를 소련에 앞서 승인해둬야 한다.

그러지 않으면 일본이 망한 뒤 소련이 반드시 끼어들어 한반도를 강점할 것이다.(1942년 1월2일 미 국무성 방문 때 관리들이 승인 반대하자 이승만이 단언함)

● 동부유럽 여러 나라들처럼 코리아도 좌우합작 방식을 수락하도록 국무성이 끊임없는 압력을 가한다. 연립정부 안을 수락하라는 것은 코리아를 공산주의에 내맡기라는 것이나 마찬가지다. 온 생애를 일본지배 반대 투쟁에 바쳤는데 이제 소련의 지배를 찬성하는 것으로 일생을 마칠 수는 없다. 아내와 나는 충분히 이야기를 나누었다. 우리 자신의 이익을 위해 코리아를 팔아넘기느니 나는 차라리 아이오와주의 조그만 양계장으로 은퇴하겠다.(1945년 5월 이승만의 말: 미 국무성 관리들의 혹평과 한국인 정적들의 비난에 대하여)

● 영도권 문제에 대하여 중국 외무장관 송자문宋子文은 충칭重慶의 임시정부 내각을 우선적으로 고려하도록 국무성과 교섭 중이고, 김구 김규식 김약산 조소앙은 모두 공산주의자들과의 합작을 위한 연합국 측 안을 수락할 용의가 있다고 한다. 어제와 그저께 <뉴욕타임스>에 실린 사설들을 보았는지? 오늘 아침 <워싱턴포스트>에 나온 사설 1부를 여기에 동봉한다. 미국 사람들은 이들 기사에 의해 크게 영향 받으리라고 확신한다. 두 신문기사가 한국의 조속한 독립을 찬성하는 내용이오. 미국사람들에게 꼭 밝히고 싶은 것은 미국이 한국 사람들 모르게 코리아에 저지른 몇 가지 죄과를 반드시 알아야 한다는 것이다. (1945년 6월 11일 이승만, 워싱턴에서 로버트

올리버에게 보낸 편지)

●아직 조선호텔에 있소. 글을 쓸 시간이 없어 5시 반 잠에서 깨어 침대에서 이 글을 적고 있소. 얼마 뒤면 윤치영이 여기 올 것이고 이 사람들이 동대문 밖에 큰 집을 마련해준다 하오…중략…공산 그룹(김구와 손잡은 김원봉의 국민혁명당)을 제외하고 중경의 김구와 그 밖의 인사들을 데려올 계획을 하고 있소. 모든 정당이나 국민들은 단결하여 나를 밀고 있소. 여운형呂運亨과 그의 동생은 내가 바라는 것이면 어떤 일이든지 하겠노라고 말하고 있소. 오늘 오후 나는 각 정당 단체들과 회의를 가질 것이며, 그들은 중앙위원회를 구성하기 바라고 있소.

가소로운 부분은 공산당이 나를 수반으로 해서 정부를 조직한 일이오. 나는 그들에게 소련이 나를 반공주의자라고 공격하는 마당에 내가 공산당 지도자가 되었으니 큰 영광이라고 말하였소. 사람들이 몰려들고 있으니 이만 줄이오. 언제 이 유명한 3인조(이승만, 김구, 김규식)가 덕수궁에서 자리를 함께 할 수 있게 되는지요.(1945년 10월 21일 새벽, 이승만이 귀국 6일째 쓴 편지)

●1월 3일 한국의 공산주의자들은 신탁통치 지지를 공식선언함으로써 남한에서 미국정책을 지지하는 조직이나 정당은 유일하게 공산주의자들 뿐이라는 이상한 판국을 빚어냈다. 중학교 이상 졸업한 학력자가 겨우 2만5,000명에 지나지 않는 남한에서 자연히 지방도읍이나 농촌 지역 전역에 걸친 공산당의 연합은 한국의 항일운동을 지원한 공산당의 역사와 함께 친소 감정을 초래하였다.

건강이 회복되자 이승만 박사는 남한 일대에 걸친 유세여행을 떠났으며 매일 1회 또는 여러 차례 군중들에게 연설을 하였다. "나를 따르시오. 뭉치면 살고 흩어지면 죽습니다." 연설 사이사이에 그는 지방 지도자들과 회의를 가졌다. 그의 주제는 언제나 같은 것으로, 공산주의는 콜레라 질환과 비슷한 것이라는 내용이다. 빨갱이와의 타협이나 협력은 불가능한 것이다. 유일한 선택의 길은 공산독재정치에 항복하거나 대항하여 싸우는 길이다는 등, 한국 민족주의가 살아남을 수 있는 유일한 구원의 길은 신탁통치의 거부를 포함하여 전적으로 공산주의를 몰아내는 길 뿐이었다.

남한의 친소 분위기에서 국민감정의 밀물을 뒤엎고 공산주의 거부운동을 시작한 것은 바로 이 박사에 의한 것이었다. (1946년 1월 로버트 올리버)

●웨이 가이징거 수령과 경기도 군정관 앤더슨 대령과 함께 나는 서울 북방 50마일 떨어진 개성으로 차를 몰았다. 이 박사는 3시간 뒤에 따라오게 되어 있었지만 길거리에는 이 박사를 환영하려는 사람들이 줄지어 있었다. 나는 "다른 한국 지도자가 저런 군중을 끌어낼 수 있을까요?"하고 물었다. 그들은 "천만의 말씀이오, 다른 지도자들은 어림도 없죠." 이 말이 아니라도 이 박사는 여전히 한국의 실권자임에 틀림없다.

지난 12월 이 박사가 영향력을 행사했을 때 아놀드 장군이 그에게 대들었다는 이야기를 가이징거가 들려주었다. 국무성의 습관대로 아놀드가 이 박사에게 "내가 보기에는 당신도 그저 하나의 한국 사람일 뿐이오. 당신은 그 누구도 대표하지 않소."라고 말했다고 한다. 이 박사는 즉각 서울 시민에게 '나라의 명절'을 지키라고 요구하였다. 사흘간 서울에서는 일하는 사람이 한 사람도 없었다. 화부가 석탄을 싣고 가 불을 일굴 수가 없었다. 호텔과 사무실의 라디에이터는 얼어붙었다. 사람들이 2마일이나 늘어서는 대대적인 시위행진을 벌여 남대문에서 중앙청까지 꽉 찼으며 길거리는 양쪽 길가까지 넘쳐났다. 아놀드 장군은 헐떡이며 이 박사를 불러들여 잘못했노라고 빌었다. 이 박사는 민주의원 의장에 선출되었다. 그 후부터는 아

무도 그의 실력을 의심하지 않았다. (1946년초 로버트 올리버)

● 이승만 박사는 군정에 쓸모 있는 역할이 끝났습니다. 그를 공개적으로 비난함으로써 망신시켜야 할지 모르겠습니다. 우리가 당신(로버트 올리버)을 한국에 들어오게 한 단 하나의 이유가 있습니다. 우리는 당신이 이 박사에게 어떤 통제를 가할 수 있기를 바라고 있습니다. 당신이 그렇게 하지 않으면 이승만의 생애는 끝난 것이고, 소련과 한국 통일을 위해 합의해야 할 우리의 기회를 그가 이미 망쳐버렸는지 모릅니다. 이 박사는 한국 정치가들 중에서 너무나 위대한 인물이며 그렇기 때문에 나는 그가 유일한 인물이라고까지 말합니다. 그러나 그가 공산주의에 대한 공격을 멈추지 않는 한 그는 한국 정부 내에 어떤 자리도 차지하지 못할 것입니다.

(미군정사령관 하지 장군의 말: 1946년 6월 3일 입경한 로버트 올리버에게 보낸 편지)

● 미군정 운영의 방법으로 심히 중요한 사항의 하나는 정기적인 여론 조사이다. 최근에는 한국 지도자들에 대한 조사를 했다. 인구의 70%가 이승만 박사 지지로 나타났다. 그러나 이것은 군정청 정책과 안 맞기 때문에 러치 장군은 그린에게 그 조사결과를 조작해서 이승만의 지지표가 과반수도 못 되는 듯이 보이도록 했다. 또 한 가지 문제를 들자면 지방행정직을 위한 지방 선거가 각 도별로 벌어졌는데, 공산당은 어디에서도 21%를 넘는 곳이 없고 겨우 15%의 후보자를 뽑았을 뿐이다. 이런 사실도 소련을 달래기 위해서는 공산당을 동등하게 인정한다는 군정청의 정책 때문에 보도가 안 되도록 빼 버렸다. 군정청에서는 이 박사가 공산주의를 맹렬히 공격하고 있기 때문에 집권을 허용하지 않겠노라고 소련에게 스스로 언질을 준 바 있었다. 그래서 이 박사가 국민의 지지를 못 받고 있는 것처럼 보이려고 어려운 술책을 꾸미고 있다. (1946년 7월 로버트 올리버 일기에서)

● 동유럽에서 전혀 성공한 바 없는 좌우합작조직을 이 박사에게 만들어 내라니, 이런 요구는 일본인 상전을 공산지배자로 바꾸는 일에 동의하라는 것밖에 안 된다. 언제나 이를 거부하고 반대발언에서 가장 강경하고 노골적인 이승만 박사는 세계 언론으로부터 '극우' 라는 호가 붙었다. 중도파들까지 이 박사는 극단적 반동주의자라는 견해가 널리 유포되어갔다. 결국 한국에서 미국의 정책은 '품위 있는 철수' 가 가능하도록 소련과의 협약을 계속 추구하는 것이었다. (1946년 겨울 로버트 올리버)

● 남한에서 진행 중인 미국 정책에 공식적으로 반대하고 항의하기 위해 워싱턴을 방문한 이승만 박사는 칼튼 호텔에서 긴박한 정치 상황에 집중해 있었다. 루마니아, 체코슬로바키아, 그리고 '좌우합작'을 강요당했던 다른 동구 국가들에서 보여준 바와 같은 식으로, 소련식 지배하에 남북한을 바꿔 놓기 위하여 남한을 북한에 통합시키려는 첫 걸음에 불과하다는 확실한 예상, 4개국 신탁통치를 한국에 강요하려는 미·소 협정을 저지시키는 데 우리는 어떻게 대처해 나가는 길이 가장 합리적이 되겠는가?

(1946년 겨울 로버트 올리버)

● 남한 정세는 폭발적이었다. 소련과의 합의를 이루기 위해 미국은 최종적이고도 절박한 노력을 기울이고 있었는데, 이것이 이 박사의 귀국을 방해하면서 고의적으로 지연책을 쓴 근본 이유였다. 그러나 이 박사의 서울 귀환을 싫어하는 인물은 하지 장군 하나뿐이 아니었다. 3월 2일 김구는 남한 전역에서 1,500명 대표로 구성된 이른바 한국국민대표회의를 소집하고 임시 대한민국 수립을 승인하라고 요구했는데, 장시간의 신랄한 논쟁 끝에 김구는 이 박사를 지지하는 여론을 자기가 과소평가해 왔음을 깨달았다. 김구는 의장직을 사임했고 그 자리에도 없는 이승만 박사가 대신 선

출되었다. (1947년 3월 로버트 올리버)

●하지 장군의 가장 큰 잘못은 이 어려운 시기에 이승만 박사를 그렇게도 철저하게 연금시켜 격리시킨 일이었다. 그것은 비밀과 암흑 속에 가려진 최악의 시기였다. 이 박사는 7월 20일자로 다음과 같은 '각서'를 보내왔다. 이 박사는 각계의 이해를 돕기 위해 자신을 제3자로 한 관점에서 쓴 것이었다.

"…하지 장군은 이승만을 버리고 이승만과 대항하는 2~3개의 집단을 마련할 수 있으리라고 생각했다. 그가 이 박사의 신용을 떨어뜨리려는 시도를 되풀이할수록 사람들은 이 박사를 더욱 지지하게 되었고 하지 장군에 대한 저항은 더욱 강렬하게 바뀌어갔다. 하지 장군은 이 박사를 반미주의자니 반하지파라느니 비난을 퍼부었다. 한국 사람들은 오직 한 가지 즉 자기 나라의 독립을 위하여 모든 것을 희생하는 사람을 따른다는 사실을 그는 모르고 있다.

맥아더 장군의 말을 빌리면 "한국인들이 자치능력이 없다고 말하는 것은 어리석은 말이다. 동물조차도 스스로 돌보는 방법을 알고 있다. 하지 장군은 한국인들을 칼을 만지기에도 너무 애송이들로 보는 것이다…중략…미국 민주주의도 하룻밤 사이에 생겨나지 않았다. 모든 역사학도들은 미국 사람이 170년의 민주주의 시련기를 통하여 얼마나 고난을 겪어 나왔는지를 알고 있다. 그러므로 한국인들은 미국 초창기의 실패를 교훈으로 삼아 자신들에게 맞는 민주주의를 이루는 길을 찾게 될 것이다. 우리들의 방법이 미국 표준에는 들어맞지 않을 것이다. 미국식 표준이 한국을 위해서는 필요치 않을지도 모른다는 것을 명심해야 한다."

만일 미국이, 우리는 능력이 없으니까 미국사람들이 대신 하겠다고 고집한다면, 그들은 오래지 않아 잘못을 깨닫게 될 것이다. 첫째로 한국사람들은 미국의 동기를 오해하고 저항할 것이다. 또 수많은 유혈극을 치르게 할 것이다. 결과적으로 미국의 무역은 오랜 세월 동안 3,000만의 고객을 잃게 될 것이다. (1947년 7월 이승만이 로버트 올리버에게)

● 만일 그리스의 희극작가 아리스토파네스가 1947년 남한의 정치 상황을 각본으로 쓰려 한다면, 풍부한 자료와 충분히 흥미진진한 인물들을 찾아낼 것이다. 등장하는 배우들에게 연기는 희극이라기보다는 오히려 비극이 될 것이다. 워싱턴에서 정세급변을 내다보면서 한국문제가 새로 국제연합에 제출되는 마당에 9월 22일 내가 이 박사에게 써 보낸 편지와 같이 나에게도 감회가 깊었다.

"이 박사님이 추구해온 노선의 정확한 슬기는 두 나라 회의론자들이 설 땅을 잃을 만큼 이제는 너무나 뚜렷합니다. 뒤늦은 그들의 뒷궁리가 박사님의 예견과 거의 같다는 사실이 현재 입증되고 있습니다."

찬사가 지나쳤는지 모른다. 그러나 다른 배우들의 서투른 솜씨가 이 박사를 더욱 돋보이게 만든 것을 어찌하랴. (1947년 9월 워싱턴에서 로버트 올리버)

● 연회석상에서 미국 장군은 자유를 팔아넘기기를 거부한 한국의 애국 인사들을 비난하고 모든 정치적 권리를 박탈당할 것을 각오하라고 협박했습니다. 이런 공갈에 한국 손님들은 분노하고 흥분했으나, 소련 대표단 사람들은 미국인이 어린애처럼 자기들의 손아귀에서 놀아나는 꼴을 보며 냉소를 띄우고 있었습니다. 공산당과의 합작은 소련의 지배하에 굴복하는 것이란 사실이 가장 최근에는 헝가리와 불가리아를 통하여 충분히 입증되고 있음에도 불구하고 '연립정부'를 수립하라고 떠벌리고 있습니다. 일본의 한국강점에 앞섰던 1910년의 상황이 1947년에 되풀이되고 있습니다. 미국이 잔인하고 독재적인 소련과 협력하여 한국 국민들을 목 졸라 죽이

려는 것입니까? (1947년 6월 18일 워싱턴에서 임병직이 이승만에게)

●하지 장군은 과거에도 지금도 여전히 공산분자들과의 협력이 필수적이라는 것이오. 신탁통치를 포함한 모스크바 결정은 '불변의 법칙'이라고 주장하오. 3대국 결정을 내릴 때 한국인과 상의한 바도 없고, 미소공동위원회는 우리가 남한의 공산화를 막지 못하도록 '좌우합작 정부'를 세우려고 하니 거부해야 하는 것이오. 하지 장군은 소련과 무슨 합의를 얻으려 애쓰면서 김규식과 여운형을 공동의장으로 하는 이른바 '좌우합작위원회'라는 것을 시작했소. 그러면서 이 박사는 반미주의자다, 건국을 방해한다, 등등으로 떠들고 있소. (1947년 7월 13일 이승만의 편지)

●이 사람들이 말하기를, 소련이 총선거 제안을 거절했기 때문에 우리가 모두 남한에서의 총선거를 찬성하는 것이라고 했소. 그러나 선거를 실시하기 전에 우리는 북쪽의 지도자들과 이 문제를 토의하도록 노력해야 한다는 것이고, 이것이 의견의 차이점이오. 나는 남북회담 구상이 몇 번 제출되었으나 이것이 총선거를 지연시킬 것이라고 해서 국민들이 이를 반대하는 것이라는 말을 하였소. 그러나 남북회담이 총선거를 지연시키지 않는다면 나는 여기에 반대하지 않겠소.
김규식 박사는 이 박사가 공개적으로 남북회담을 옹호해서는 안 된다고 말했는데, 왜냐하면 만일에 그렇게 한다면 북쪽의 공산분자들이 우리와 합류하려고 하지 않을지도 모르기 때문이라는 것이오. 여기에 대하여는 우리 모두가 찬성하였소. (1948년 2월 이승만의 편지)

● 김 구의 북행을 묵인하기로 해준 뒤에 이승만은 윤석오 비서에게 이렇게 말했다.

"평양은 무엇 하러 가나? 모스크바로 가야지. 김일성을 백날 만나봤자 무슨 소용 있나, 스탈린을 만나서 직접 담판이라도 한다면 모를까…"

● 김규식 박사는 그날 저녁 우리는 아무 일에도 동의한 바 없다고 말하였소. 그는 "김구 씨와 나는, 우리가 남북 지도자 간에 회의를 열도록 노력하는 동안 선거는 당분간 제쳐놓아야 한다는 점에 합의를 보았다"고 말했소.

나는 "당신들이 남한에서의 총선거를 반대하는 이유가 무엇이오?"라고 물었소.

김 박사는 "우선 이 정부가 국제연합이 승인을 받을 것인지? 둘째로 얼마 정도의 원조를 미국으로부터 얻어낼 수 있는지? 이런 문제들을 알지 않고 우리는 여기에 뛰어들 수는 없소"라고 대답했소.

나는 그에게 말해주었소. "여보게 우사尤史! 우리 한국 사람들이 스스로 무엇을 할 수 있는지도 모르는 판국에 어떻게 외국에 대하여 우리를 위해서 얼마만큼 일을 할 수 있는지 요구할 수가 있겠는가?" (1948년 2월 이승만의 편지)

● 이런 얘기는 처음 듣는 게 아니오. 좌우합작을 지지하지 않으면 자기들은 철수하고 공산주의자들이 내려올 거라는 말을 수없이 들었소. 이제 총선거조차 시차제나 지역적 선거로 하겠다니, 이것은 남한 공산 테러분자들에게 길을 열어주는 것이오. 엄청난 새로운 문제를 야기 시킬 선거는 있을 수도 없고 해서도 안 되오. 미군정이 공갈을 치는 일에 우리는 이제 신물이 나고 피곤합니다. 그리고 여러 번에 걸쳐 자기들이 미국정부로부터 '이승만 쏴 죽이라'는 명령까지 받았노라고 말한 적도 있소.

(1948년 3월 노블 미 국무성 관리에게 이승만의 반박)

● 김구와 김규식은 유엔 한국위원단과 만난 자리에서, 평양 정치회담이 이미 국가 통일의 기초를 다져 놓은 것이라고 주장했다. 앞으로 더 이상 회담이 필요치 않다고 말했다. 김규식은 말하기를 김일성이 자기에게 개별적으로 '북으로부터의 남침은 없을 것'이라고 약속하였노라면서 '나는 이것을 의심할 이유가 없소'라고 확언했다. 김구는 평화통일과 진정한 국민정부 수립은 가능하다고 자신감을 밝혔는데 그 이유는 '남북한 정당, 사회단체들이 공동성명에 서명했고 틀림없이 그대로 추진해나가기로 약속을 했기 때문이오'라고 말했다.(1948년 5월 로버트 올리버)

● 국무총리는 북한 출신이어야 하고 부유계급 출신이어서는 안 된다고 생각하오. 김성수는 내가 함께 일하고 싶은 인물이지만 그와 가까운 사람들이 '죽기 아니면 살기 식'의 정략을 중심으로 한데 뭉쳐 있소.(김성수는 7석의 각료자리 요구)…미국인들이 한민당과 기타 불평분자들을 지지하고 있기 때문에 정부의 여러 계획을 뒤엎으려 하고 있소. 계획들이 성공하는 것보다는 뒤집어 엎어버리는 것이 낫겠다는 것이오.

김성수가 이끄는 한민당이 우리를 반대하고 있기 때문에 〈동아일보〉와 기타 신문들의 내각에 대한 공격이 날로 심해가고 있는 중이오. 그러나 내가 말할 수 있는 것은 각료직에 대한 한민당의 추천에 내가 굴복하였더라면 사태는 더 악화되었을 것이라는 점이오. 그때에는 지방의 국민들이 지주들 편에 선 나를 반대하고 나섰을 터이니 말이오. 지금은 다만 서울의 정치인들이 나를 반대하고 있소. 나는 항상 외로운 싸움을 해 나왔고, 또 앞으로도 외로운 싸움을 계속하지 않으면 안 되오. 서울의 정치인들은 귀하가 상상할 수 있는 가장 심한 악당들이오. (1948년 9월 이승만의 편지)

*국무총리엔 만주서 공산당과 싸운 이범석, 좌파 조봉암은 농림장관이 되었다.

● 내각에 대한 비판은 한민당이 동아일보나 기타 신문을 통해서 계속할 것이오. 무초 대사와 콜터 장군은 어제 나에게 "당신은 지금 한민당과 용감하게 잘도 싸우고 있소. 이 사람들은 양곡 수매를 원치 않는 사람들이오."라고도 하였고 "이 사람들은 당신의 빈민구제 계획을 만류하려 하고 있소."라고도 하였소. 나는 무초 대사와 콜터 장군에게 식량배급 방식을 바꾸어야 한다고 말했소. 일본식 방법이기 때문에 현행 배급은 환영을 못 받고 있소. (1948년 10월 이승만의 편지)

|도서출판 기파랑이 펴낸 『대한민국 건국의 재인식』|

건국사 바로보기, 자랑스러운 대한민국 만들기

온종림 |〈뉴데일리〉 기자|

광복절은 있어도 건국절은 없는 나라가 대한민국이다.

일제 36년을 벗어난 해방의 환희가 너무 컸던 때문일까? 대한민국 사람 누구나 광복절은 기억해도 건국일을 기억하는 이는 드물다. 연령층이 내려갈수록 이러한 현상은 심해진다.

요즘 대학생들에게 대한민국은 어느 날 하늘에서 뚝 떨어져 생긴 나라이다. 누구도 건국의 역사를 가르치려 하지 않는다. 굳이 알려고 하지도 않는다. 그리고 지난 10년의 좌파정권은 한 술 더 떠서 대한민국은 태어나서는 안 되었던 나라로, 출발부터 잘못된 나라로 청소년들에게 각인시켰다.

부끄러운 나라 대한민국 만들기. 이것이 저들 친북·종북 좌파들이 목표하는 고지였다. 그리고 그들은 이미 7부 능선을 넘었다. 풍전등화의 대한민국이라는 고지를 지키기 위해 안병훈 도서출판 기파랑 사장은 힘들고 외로운 싸움을 벌여왔다.

조선일보사 부사장으로 재직하던 1998년 8월, 안병훈 사장은 대형 기획 '대한민국-우리들의 이야기' 전을 지휘했다. 정부수립 50주년을 기념하고, 국민들에게 대한민국의 건국과 발전을 보여주고 싶어서였다. IMF로 온 국민이 실의에 빠져 있을 때 '태극기를 답시다' 라는 캠페인으로 국민들에게 나라 사랑과 위기 극복의 용기를 북돋운 것도 안 사장이었다. 이런 그가 지난 7월말 펴낸『대한민국 건국의 재인식』은 '자랑스런 나라 대한민국 만들기' 라는 신념의 산물이다.

880쪽의 방대한 분량의 이 책은 한 마디로 '국가 원로와 학자들이 들려주는 건국이야기' 다. 책에 실린 26편의 논문은 2007년과 2008년 여름 두 차례에 걸쳐 개최되었던 대한민국 건국 60주년 기념 학술회의에서 발표한 내용을 다시 정리한 것이다. 필자의 한 사람인 이인호 교수(KAIST 김보정 석좌교수)는 "무엇보다도 우리에게 필요한 것은 자국의 험난했던 역사를 애정 어린 긍정적 시각으로 바라보며 깊은 관심을 갖는 자세"라고 서문에서 밝히고 있다.

애정 어린 긍정적 시각은 '자랑스런 내나라 대한민국' 의 출발점이다. 이 교수는 "우리 역사 연구의 현실을 냉정하게 생각할 때, 건국의 경위나 과정을 비롯하여 대한민국 초기사에 관한 연구는 이제 시작단계"라고 지적하고, 이 책의 간행 의미를 "그간의 연구 성과를 집합적으로 보여주는 동시에 아직도 학문적 미개척지로 남아 있는 영역이 얼마나 방대하며 일반 국민의 선입견을 뛰어넘는 학자들의 끈질긴 탐구를 통해 밝혀져야 할 사실이 아직도 얼마나 많은가를 일깨워 주는 데 있다"고 밝히고 있다.

역시 필자의 한 사람인 김영호 교수(성신여대 국제정치학과)는 책에서 대한민국의 건국의 의미를 '우리 민족사에서 전대미문의 혁명적 사건이었다'고 정의한다. 그는 "이전 왕조 국가들과 본질적으로 다른 근대화된 정치체제나 제도적 기반이 성립되었기 때문만이 아니라, 우리 한국인이 스스로 사회적 능력을 배양하여 자기 운명을 주도적으로 결정하고, 주권적 주체로서 정치적 결정을 내리는 근대적 개념의 국민으로 새롭게 태어났기 때문"이라고 설명하고 있다.

해방 후 세계에서 가장 가난한 나라 가운데 하나로 출발한 대한민국이 세계 10위권의 경제 대국으로 성장한 원동력도 바로 그런 한국인 개개인의 존재론적 변화에서 비롯되었다는 해석이다. 해방에서 건국까지는 3년의 시간이 소요됐다. 그 3년간 한반도에서 벌어진 일들에 대해 우리는 몽매하다고 표현할 정도로 아는 것이 없다. 2차대전의 종전 이후 남한과 북한을 점령한 미국과 소련은 어떤 생각을 하고 있었는지, 당시의 상황은 어떤 것이었는지에 대한 이해도 부족하다.

또 대한민국을 세운 건국의 아버지들은 어떤 사람이었으며 그들이 이룬 업적은 무엇일까? 우리의 공동가치인 대한민국 헌법은 어떻게 제정되었으며, 가장 근간이 된 원칙은 어떤 것이었을까? 이승만 정부 이래 여러 차례 정권이 교체되면서 전 세계가 놀라는 경제발전은 어떻게 이룩한 것일까? 건국에 이바지한 정치지도자와 기업인들의 역할은 무엇이었으며, 국제무대에서 대한민국의 위상은 어떻게 진화했을까? 그리고 우리에게 남은 선진화의 과제는 무엇일까? 대한민국 건국 60년을 관통하는 이처럼 다양한 질문들을 이 책은 낱낱이 대답해주고 있다. 그리고 국내의 대표적인 연구자들만 아니라 미국, 중국, 일본 등 외국의 학자들도 참여해 각기 전문분야의 연구 결과를 총결집했다.

유영익 교수는 기조연설문에서 이렇게 말한다.

"오늘날 대한민국이 향유하는 경제적 번영과 정치적 자유는 대한민국 건국 초창기에 집권한 '국정 주역들'이 갑신정변 갑오경장 독립협회로 이어지는 조선왕조의 근대적 개혁 전통과 독립운동가들의 신국가 건설의 청사진에 바탕을 두고 전체 국민의 사회적 능력social capability을 극대화함에 필요한 일련의 제도개혁을 단행함으로써 국가발전의 원동력이 되는 '새로운 국민'을 창출하였기 때문이라고 생각한다. 이 '새로운 국민'이 없었으면 대한민국의 '기적적'인 발전은 불가능했을 것이다. 대한민국 초창기에 국정 주역들이 추진하여 성사시킨 제도개혁은 한국 역사상 미증유의 '혁명적' 개혁들이었다. 또한, 그것들은 제2차 세계대전 이후에 탄생한 140여 다른 신생국에서는 대체로 시도되지 못한, 오로지 대한민국에서만 성공적으로 추진된 개혁들이었다. 그렇기 때문에 나는 대한민국 초창기에 국정 주역들에 의하여 추진된 제도개혁이야말로 한민족이 유사 이래 처음으로 누리는 경제적 풍요와 정치적 자유를 가능하게 만든 최대 요인임과 동시에 1945년 이후에 탄생한 여러 신생국 가운데 유독 대한민국만이 경제발전과 정치민주화를 달성할 수 있었던 '비결'이라고 생각한다."

근대화가 늦은 한국은 그 지각의 대가로 '36년 일제 식민지'라는 벌을 받았다. 하지만 해방 뒤 3년 동안 만든 건국은 위대한 작품이었고, 그 바탕으로 오늘 한국의 성장이 가능했다는 것이 이 책의 여러 필자들의 공통된 주장이기도 하다. 하지만 불행하게도 그동안 우리 학계며 정치인들은 이른바 '건국세력'에 대해 숱한 폄하와 왜곡을 자행해 왔다.

이 책은 그를 시정할 필요성에 공감한 정치학자며 역사학자들의 그릇된 사관史觀 바로잡기의 의미도 지니고 있다. 예를 들어 이승만 박사가 '권력에 굶주린 사람power-hunger'일 뿐이었다든가, 남한 단독정부 수립이 잘못 꿰어진 단추라든지 하는 극단적 매도에 대한 반박이며 극복 작업이기도 하다. 또 해방 정국의 국제관계적 맥락을 강조해 국내적 관점에 집중해 온 기존의 연구경향에 형평성을 맞추려 하기도 했다.

이 책은 모두 다섯 장으로 구성됐다.

1부 '대한민국 탄생의 국제정치적 배경'에서는 건국에 이르는 과정에서 전개됐던 강대국들 사이의 국제정치, 미국과 건국세력 간의 교류, 소련의 한반도 전략 등을 살폈다. 특히 최근 공개된 소련 외교문서들을 분석하여 기존 '남한의 단정單政 책임론'을 전면적으로 부정했다.

2부 '대한민국 건국을 둘러싼 다양한 구상과 인식'에서는 해방 정국에서 활동했던 여러 정파의 구상과 의도들을 분석하고 당시 한국인들의 삶을 규정했던 주요 가치들을 점검했다.

3부 '민주공화국의 탄생: 이승만의 건국노선'에서는 대한민국 출범의 주역이었던 이승만 초대 대통령의 구상과 업적을 재조명하고, 그의 단선단정론單選單政論의 배경을 심층 분석했다.

4부 '민주공화국 건설을 위한 기초작업과 그 평가'에서는 제헌 헌법의 성립과정과 의미, 헌법이 규정한 근대적 의미의 '국민' 개념, 미국과 미군정의 역할, 대한민국 국군의 탄생 과정, 대한민국에 대한 국가론적 이해 등을 다루었다.

5부 '대한민국 건국의 의의'에서는 다른 아시아 국가들의 건국 사례들을 분석하고 대한민국 건국에 대한 일본의 반응, 미국의 한국 방어전략 변천 과정 등을 살폈다. 캐스린 웨더스비는 '미국과 소련 그리고 대한민국 건국' 장에서 이렇게 말하고 있다.

"오늘날 한국의 엄청나게 유리한 조건은 자연히 더욱 긍정적인 결과를 기대할 수 있게 하기 때문이다. 정치적으로 안정되고, 경제적으로 역동적이며, 문화적으로 힘찬 사회를 이룩한 대한민국의 성공은 냉전의 종식이 낳은 지역적 구조를 바꾸어 놓을 기회와 맞물려 2차대전 이후 어느 때보다도 평화와 번영을 누릴 수 있는 유리한 환경을 조성했다. 이제 한국이 이런 새로운 기회의 활용을 통해 리더십을 제공할 수 있다는 사실은 이 지역 모든 국가에 유리한 발전을 의미하며, 대한민국 건국 60년을 기념할 홀

룽한 이유가 되는 것이다."

　책 이름 그대로 건국에 대한 재인식은 정말 필요한 작업이다. 특히 치열한 이념전쟁이 치러지고 있는 오늘의 대한민국에서는 더욱 그렇다.
　'자랑스러운 대한민국 만들기'만이 아니라 '자랑스러운 대한민국 지키기'이기도 한 절실한 작업이다.

망명지에서도
자나 깨나 '내 나라 걱정'

이인수 |정치학 박사|

금년은 아버님 이승만 박사께서 돌아가신지 44주기가 되는 해이다. 1965년 7월 19일, 하와이 시간 0시 35분 마우날라니 요양원에서 운명하신 아버님 곁에는 프란체스카 어머님과 나 그리고 아버님의 제자 최백렬 씨와 간호원 한 명이 지켜봤었다.

영구를 뫼시고 23일 서울에 돌아와 27일 동작동 국립묘지에 안장 후 이렇게 빨리도 세월이 흘렀다.

내가 입양하여 하와이에 가서 휴양 중에 계신 아버님과 프란체스카 어머님을 뵙고 당시 윌버트·최씨가 소유한 매키키 2033번지의 집에서 정성定省을 하게 된 것은 1961년 12월이었다.

도착 후 아버님께 큰절을 드리고 인사를 올리니 어깨를 두드리시며 잘 왔다고 웃으시는 모습이 너무 자애로우셨다. 그리고 국내형편을 물으시는 말씀에 "젊은이들이 반공을 하겠다고 하니 잘 되지 않겠습니까?" 하고 여쭈니 정색을 하시며 너는 그 잘 돼간다는 말을 믿지 말라고 하시며 내가 그런 말 믿다가 이렇게 결딴나지 않았느냐고 말씀을 하셨다. 하야하신 후 실정에 대한 잘못된 정보로 인해 국사를 그르치게 된 것을 아시고 이를 한탄하시는 모습이었다. 그리고 4·19때 다친 학생들을 우리 애들이라 하시며 염려하고 계셨다.

우리 세 식구는 살림이 어려웠지만 단란한 생활을 하였다. 62세의 어머님은 부지런하고 알뜰한 살림꾼이셨다. 경무대에서 그 많은 이들을 거느리시던 분이 이제는 혼자서 남편을 시중하며 집안 살림을 말끔히 처리해 나가시는데 참으로 놀랐다. 시계와 같이 시간을 쪼개서 일을 할당하여 그것을 실천해 나가는 일과와 주간 그리고 장기적 계획까지를 망라하는 것이었다. 그리고 이러한 일정은 정말 합리적이어서 무리 없이 실천되었고 재미와 여유마저 있었다. 그 소박하고 근검·절약하며 조국을 위해 기도하는 생활은 독립운동 시절부터 이어온 것이라고 어머님은 말씀하셨다.

아버님은 식사 때마다 기도를 하시는데 내가 온 다음에는 영어보다 한국말로 많이 하셨다. 대개 하나님께 대한 감사의 말씀에 이어 내가 크게 감동을 받은 것은 "이제는 하나님께서 주신 사명을 감당하기에 심신이 어찌 할 도리가 없게 되었습니다. 바라옵건데 한국민족의 앞날에 하나님의 축복과 은총이 함께 하시옵소서" 하는 부분이었다. 매우 천천히 말씀을 이어가시는 이 기도에 나는 눈물을 먹으며 귀를 기울였다. 잃었던 조국의 독립을 회생시켜 새나라 대한민국을 창업하시고 자유를 수호하여 국가발전의 기초를 마련하신 우남의 위대한 공적이 기독교라는 신앙에 기초한 것임을 알게 된 것이었다. 그리고 통일을 이룩하지 못한 미완성의 사명을 의식하여 민족에 대한 축복기도를 되풀이 하시는 것으로 자신의 생을 마감하려는 모습은 참으로 눈물 없이 볼 수 없는 일이었다.

아침식사가 끝나면 밖의 베란다에 뫼시고 나가 시원한 아침공기를 마시며 의자에 앉아 말씀을 나누었다. 아버님은 많은 것을 물으셨다. 내가 입고 있는 옷과 신발 그리고 책과 문구류와 일용잡화에 이르기까지 하나하나를 어느 나라에서 만든 것이냐를 물으시는 것이었다. 그것들은 모두가 국산품들이었다. 나의 대답을 들으시고 아버님은 흡족하신 듯, 신고 계신 신발을 가리키시며 "이것도 국산이야. 우리 한인들의 재주가 정말 좋아. 잘 만들었어. 해방 후 어떤 이는 우리나라 사람들이 비누도 만들 줄 모른다고 타박을 한일이 있었지만 전쟁을 치러 잿더미가 되어서도 참으로 많은 발전을 했어"하고 대견해 하셨다. 이렇게 아버님은 조국의 산업화를 위해 큰 관심을 가지고 계셨다.

나는 이때 아버님과 국가정책을 이야기하는 중에 우남께서 이룩하신 교육입국의 실현으로 인재가 양성되어 있고 기간산업이 육성되었으며 자유민주제도와 시장경제 그리고 개방사회의 장점, 그리고 국가안보를 위한 국군의 증강과 1953년에 체결된 한미상호방위조약 등이 국가와 정치안정의 기반이 되어 앞으로 우리나라가 경제와 국가를 크게 발전시킬 잠재력을 가지고 있다는 것에 아버님과 의견의 일치를 보았다. 이렇게 우남께서는 국민의 자질을 믿고 그 발전의 성과를 약 20년 후로 예견하는 긍정적 생각을 하고 계셨다.

아버님은 자연을 몹시도 사랑하셨다. 오후에는 뒤뜰에 나가셔서 화초에 물을 주시고 가꾸시는 것을 지켜보게 되었다. 그런데 내가 놀란 것은 솜씨가 전문가 이상으로 능숙하시고 마치 사랑하는 자식을 다루는 듯한 모습이었다. "며칠 돌보지 않았더니 시든 잎이 생겼어" 하시며 몇 개의 화초를 가리키시고 "이것들은 우리나라에 없는 화초야. 우리가 갈 때 가져가야지"하시는 것이었다.

이때는 아버님을 뫼시고 한국에 돌아갈 계획으로 우리는 여러 가지 준비를 하고 있어서 저녁때 나는 어머님께 저 화초들을 정말 가져갈 수 있는지를 여쭈어보았다. 그러니까 어머님은 "아버님은 좋은 것은 다 한국에 가져간다고 하시는 어른이야"하고 웃어넘기셨다. 그리고 아버님은 '게으른 것'을 아주 싫어하신다는 말씀이었다. 나는 이 말씀에 깨달은바 있어 정원의 낙엽과 쓰레기를 치우는 일 등 내가 할 수 있는 집안의 일들을 열심히 찾아서 하였다.

아버님을 뫼시고 있으면 언제나 물으시는 말씀에 대답하기가 쉽지 않았다.

"우리나라 통일이 문제인데. 지금 우리나라에서 누가 통일을 위해 일하고 있는가?" 이 물으심에 나는 당황하지 않을 수 없었다. 이제 집권한 군사정권이 권력 장악을 위해 전력을 다하고 있는 때에 통일문제는 안중에도 없는 것이 사실이기 때문이었다.

그래서 "우리 국민 모두가 통일의 중요성을 생각하고 있지만 아직은 그 구체적 노력은 볼 수가 없습니다"고 말씀을 드리니 매우 못마땅하게 생각하시는 것이었다. "그 생각만 해서는 뭣하나. 내가 통일을 위해 한바탕 일했으면 그 뒤를 이어 일하는 이가 나와야 하지 않겠나. 통일은 남이 시켜주는 일이 아니야" 하시며 흥분을 감추지 않으셨다. 그리고 통일이란 말이 아니라 힘을 기르는 일이며 국제정치와 북한을 잘 알아야 한다는 말씀이었다.

이렇게 부자간의 열띤 대화가 오고가는 것을 아신 어머님은 부엌에서 일하시다가 생무우를 벗겨가지고 오셔서 맛이 있으니 먹어보라고 권하시어 아버님과 나는 그 싱싱한 맛을 보았다. 그리고 어머님은 나에게 "지금도 아버님은 나라 걱정이 많으시단다"고 웃으신다. 딱딱한 분위기를 부드럽게 하시려는 듯 어머님은 고달픈 하와이 생활에서 아리랑의 노래를 곧잘 부르셨다. 물론 평소에 아버님이 직접 가르쳐 주신 것이지만 아버님은 그 가사도 어머님을 위해 다음 같은 문구를 넣어서 재미도 있었지만 두 분의 기구한 만남의 생애를 새삼스럽게 생각하였다.

아리랑 아리랑 아라리요. 아리랑 고개를 넘어 간다.
오다 가다가 만난님 이지만 살아서나 죽어서나 못 잊겠네.

TV가 없던 매키키 집에는 어머님의 아리랑 노래와 간혹 아버님의 한시 낭송과 만가輓歌의 곡조를 듣는 일이 있었는데, 어머님은 이것을 아버님의 멜로디 melody 라고 하셨다. 매우 조용하게 읊으시는 한시에는 의미심장한 강개가 잠겨 젊은 날의 의기를 상기하시는 듯 하였다. 어머님은 혼자서 바쁘신 살림 중에도 아버님의 기분전환을 위해 외출의 기회를 만들어 집 근처의 탄탈루스 산길이나 좀 먼 곳에 있는 가내오에 해변을 드라이브하셨다. 모두가 평상시에 자연을 사랑하고 즐기시는 아버님의 성품을 아시기 때문이었다. 그러나 어머님은 아버님이 이렇게 외출을 하셔도 전과 같이 즐거워하시지 않는다고 하시며 이것이 아버님의 회향병懷鄕病이라 설명을 하셨다.

나는 어머님의 말씀에 동의를 하면서 아버님이 1935년 독립운동당시 조국의 강산을 그리워하며 쓰신 한시 '태평양주중작太平洋舟中作'을 생각하였다. 우남께서는 천부의 시인이었으며 예술의 향기를 지닌 어른이셨다. 그러나 풍운의 시대가 이 어른을 시인이나 예술가로 머물게 하지를 않았다. 우남의 나라 사랑은 조국강산과 직결된 것이었고 그 자연의 아름다움을 이 어른은 평생토록 가슴에 안고 사신 것이었다.

하루는 우리 세 식구가 앉은 자리에서 아버님은 1896년에 돌아가신 어머님 말씀하시며 눈물을 지으셨다. 구국운동으로 집을 비웠을 때 어머님이 돌아가셨고 미국에서 독립운동 시아버님의 별세를 알았으나 돌아갈 수 있는 몸이 아니었다. 이렇게 아버님은 부모님께 해야 할 일을 못했다는 말씀이었고 이제는 조국 땅에 돌아가 죽는 것이 오직 하나의 소망이라고 하셨다.

아버님의 이같이 간절한 귀국의 소망을 이루어드리기 위해 어머님과 나는 여러 가지로 준비를 하였다. 드디어 1962년 3월 17일자 한국행 비행기 표를 마련하여 준비가 완료되었지만 이날 아침 박정희 정부에 의해 귀국이 저지당하였다. 아버님은 모날라니 요양원의 호의로 그곳에 입원을 하셨다.

입원 후에도 아버님은 귀국의 희망을 버리지 않으셨다. 자기 생명과 같은 조국에 대한 사랑이었기에 몽매에도 그 마음은 한결같으셨다. 아버님은 자기 뼈를 한국 땅에 묻어달라고 하셨고 어머님과 나는 정부에 진정서를 내서 국립묘지 안장을 탄원하였다.

태평양의 장엄한 낙조落照와 같이 한국의 현대사, 대한민국을 만든 우남의 마지막 길, 장례의 행렬은 모든 예장禮葬을 사양한 순수한 국민정성의 표징이었으며 우남이 사랑하였고 우남을 사랑한 국민들과의 만남이었다.

아아! 한국 민족을 광명의 길로 인도한 영도자 우남 어른이시어! 국민이 태산같이 의지한 고결한 어른이시어! 그 인자하신 아버님이 그립습니다. 이제 우남을 그리워하는 그 착하고 어진 국민들의 마음은 국립묘지 이승만 대통령 묘역에 다음같이 새겨져 있다.

> 배달민족의 독립을 되찾아 우리를 나라있는 백성 되게 하시고
> 겨레의 자유와 평등을 지켜 안녕과 번영의 터전을 마련해 주신
> 거룩한 나라사랑 불멸의 한국인 우리의 대통령 우남 이승만 박사
> 금수강산 흘러오는 한강의 물결 남산을 바라보는 동작의 터에
> 일월성신과 함께 이 나라 지키소서

이승만 하야하던 날, 김정렬 전前 국방장관 증언

"부정不正을 왜 해? 내가 그만둬야지"

김정렬 『항공의 경종』 회고록에서 발췌

4·19 당시 이승만 대통령을 하야시키는 데 자신이 결정적으로 중요한 역할을 했다는 주장들이 있다. 그러나 당시 국방장관으로 대통령 곁을 지켰던 김정렬 장군은 이 대통령이 누구의 압력에도 영향을 받지 않고 스스로 하야 결단을 내렸다고 증언한다. 따라서 우리는 이승만을 혁명으로 타도된 독재자로 보는 시각을 수정할 필요가 있다. 최근 복간된 김정렬 회고록 『항공의 경종』에 실린 내용을 유족의 동의를 얻어 옮긴다.

4월 19일 학생 데모 이후 우리 국무위원들은 줄곧 중앙청 내 국무장관실에서 침식을 같이하며 사태 수습을 위하여 노력하고 있었다. 나도 물론 국무위원의 한 사람으로서 계엄사령부의 보고를 받고 계엄 업무를 지도하며 바쁜 일과를 보내고 있었다.

마침내 4월 26일 아침이 밝았다. 일어나자마자 경비실에 가서 밖의 상황을 물어보니 아무 이상이 없다고 한다. 중앙청으로 와서 세면을 마치고 국무회의실에서 식사를 하고 있는데, 국무위원이 하나 둘 모여들기 시작하였다.

　그러나 아침의 평온은 잠시였다. 아침 8시가 지나서 심상치 않은 정보가 들어오더니 9시 무렵이 되니까 종로, 을지로 등 시내 중심부가 완전히 군중으로 덮여 있고, 시위대는 서서히 시청 앞으로 몰려오고 있다는 보고가 들어 왔다. 나는 일단 경무대로 가보기로 작정하고, 비상 계엄령 연장에 관한 기안지를 손에 들고 경무대로 향하였다. 국무회의실을 막 나와서 계단을 내려가려고 하는 데, 갑자기 총무부 직원이 뒤쫓아 와서 미국 대사관에서 전화가 걸려 왔다고 알려 주었다. 매카나기 주한미대사로부터 걸려온 전화였다.

　"이승만 대통령을 뵙고자 하니 장관이 알선해 주시기 바랍니다."
　"아니 왜 직접 경무대에 연락하지 않고 나에게 부탁하시는 겁니까?"
　"수차 경무대 비서실로 연락하였으나 승낙의 전언이 없었습니다."
　"나는 지금 대단히 바쁘니 기회를 봐서 전언해 드리겠소."
　경무대에 도착해 보니 대통령께서 막 2층 계단에서 내려오시는 중이었다. 대통령께서 나를 보시고 "잘 잤나?"하고 반기셨다. 음성을 들으니 평상시와 전혀 다름이 없었다. 밖의 일을 전혀 모르시고 계셨던 것이다. 그래서 나는 일단 어제 교수단 데모의 와중에서 이기붕 국회의장 댁이 피습된 것, 계엄사령부가 비상계엄령 연장을 요청한 것, 그래서 국방장관 독단으로 상오 1시를 기해 계엄령 연장에 관한 방송을 허락한 것에 대해서 간략히 보고를 올렸다.

　대통령께서는 나의 보고를 들으시고 침통한 표정을 지으시더니, 다음과 같이 짤막하게 말씀하셨다.
　"그래. 오늘은 한 사람도 다치게 해서는 안 되네."
　나는 대통령께서 하신 말씀의 의미를 잘 알 수 있었다. 그것은 내가 12년간이나 가까이 모셔서 그 뜻을 잘 알아들었다기보다는 4·19 이후 대통령께서 직접 병원에 가서 부상 학생들의 참상을 본 연후에 몇 번이고 말씀하신 것을 잘 기억하고 있었기 때문이다.

"학생들이 왜 이렇게 되었어? 부정을 왜 해? 암! 부정을 보고 일어서지 않는 백성은 죽은 백성이지. 이 젊은 학생들은 참으로 장하다!"

대통령의 이러한 말씀을 되새기면서 잠시 회상에 잠겨 있는 순간, 대통령께서는 거듭 "어떻게 하면 좋은가?"라고 물어 오셨다.

그러자 나도 모르게 눈시울이 뜨거워지면서 무의식중에, "각하, 저희들이 보좌를 잘못하여 이렇게 되었습니다. 죄송합니다."라고 말씀드렸다. 그러다가 한참 후에 대통령께서는 "자네 생각은 어떠한가? 내가 그만두면 한 사람도 안 다치겠지?"라고 서너 번 자문자답을 하시더니, 대답을 재촉하셨다. 이때 비로소 내가 머리를 끄덕끄덕 하였더니, "그래, 그렇게 하지. 이것을 속히 사람들에게 알리려면 어떻게 하지?"

그래서 내가 "성명서를 만드셔서 방송시키도록 하시면 되겠습니다."라고 말씀드렸다. 대통령께서는 "그럼 그렇게 하지."라고 말씀하시더니 박찬일 비서관을 부르셨다.

"내가 그만두면 사람들은 안 다치겠지?"

이 청천벽력 같은 말씀에 박찬일 비서도 판단이 서지 않는 것 같았다. 그러나 박 비서관도 대통령의 거듭된 재촉에 드디어 "예, 저도 그렇게 생각이 듭니다."라고 말하였다. 대통령께서는 곧바로 "그럼 빨리 사람들한테 알려! 자네들 둘이서 성명서를 만들어 보게나."라고 지시하셨다.

박찬일 비서관이 나에게 성명서의 골자를 말해 달라고 하기에, 일단 생각나는 대로 대통령께서 하야를 하신다는 것, 선거를 다시 하신다는 것 등을 말해 주었다. 박 비서관이 이를 받아쓰려고 하자, 대통령께서는 "자네들 그런 식으로 하면 안 돼. 내가 부를 터이니 받아쓰게" 하시고는, "나는 해방 후 본국에 돌아와서 우리 여러 애국 애족하는 동포들과 더불어 잘 지냈으니, 이제는 세상을 떠나도 원한이 없다…공산주의에 대하여서는 부단한 주의를 하라"는 요지의 성명서를 구술하셨다. 이것이 바로 역사적인 이승만 대통령의 하야 성명서였던 것이다.

일부 시위대는 이미 선두가 통의동 파출소까지 오고 있을 때여서, 이 성명을 속히 내지 않으면 안 되겠다는 생각이 들었다. 나는 중앙청에 있는 최치환 공보실장을 전화로 불러, 잠시 후에 모종의 중대한 성명이 나갈 테니 미리 예고 방송을 해 놓으라고 전달하였다.

박 비서관이 정서를 끝내 정식 재가를 받기 위하여 대통령 집무실로 향하는 도중, 외무부 장관으로 임명된 허정 씨가 급히 들어오시는 것을 뵙고, 그분께 그가 있었던 일들을 간략히 말씀드렸다. 그리고는 곧바로 함께 대통령 집무실로 들어갔다. 박 비서관이 (성명서를) 낭독을 한 후에 "발표해도 되겠습니까?" 말씀 올리자, 대통령께서는 "그래, 발표하게."라고 허락하셨다.

그래서 나와 박 비서관은 나오는 즉시로 최치환 공보실장을 전화로 불러 성명서 전문을 낭독하고, 가급적 빨리 효과적인 방법을 다하여 데모 군중이 알도록 발표하라고 하였다. 잠시 후 대통령의 하야 성명은 전파를 통해서 만천하에 퍼져 나갔다.

잠시 후 계엄사령관 송요찬 장군이 경무대 대문 옆 사무실에서 전화를 걸어 왔다. 대학생 대표들이 대통령을 뵙고자 하니 어찌하면 되겠습니까? 라고 문의하는 전화였다. 박 비서관을 통해 대통령께 여쭈어보니 만나보겠다고 허락하셨다. 그래서 송 장군에게 학생 대표들을 데리고 경무대 안으로 들어오라고 지시하였다. 문득 아침에 매카나기 미 대사가 대통령 접견을 알선해달라고 부탁한 일이 생각났다. 그래서 박찬일 비서를 통해 대통령께 여쭈니 허락해주셨다.

그러고 있자니 송요찬 장군이 학생 대표들과 함께 경무대에 들어왔다.

이와 거의 동시에 매카나기 대사가 미8군사령관 매그루더 장군과 함께 경무대에 도착하였다. 이윽고 대통령께서 학생들과의 회견을 마치고 응접실로 들어오시자, 매카나기 대사는 "이 대통령 각하께서는 한국의 조지 워싱턴 이십니다."라고 찬사를 올렸다.

그러자 대통령께서는 천장을 보시면서 우리말로 "저 사람 무슨 잠꼬대야?"라고 혼자 말씀을 하셨다.

이미 하야 성명이 나간 후이고, 대통령께서 이렇게 대하자 미 대사는 완전히 무색해져서 별 대화도 없이 잠시 앉아 있다가 돌아가고 말았다.

성명서가 발표되자 데모대의 대부분은 만세를 부르고 해산하였다.

대통령의 이러한 위대한 결단은 세간의 의혹처럼 누가 권고해서 한 것이 아니고, 대통령 스스로의 판단에 의한 독자적인 것이었다.

나는 지금도 다시 그 때를 회고하면서 이승만 박사가 아니었다면 결코 당시의 상황에서 '대통령 하야 성명'이 선포되지 않았으리라고 굳게 믿고 있는 바이다.

4·19 세대의 뒤늦은 고백

'한민족의 모세' 이승만 부활시키자!

허문도 | 전 통일원 장관 |

나의 4·19는 20일 수원역 앞에서였다. 대학 4학년. 경찰대의 총열에서 날아오는 최루탄 깡통을 터지기 전에 되받아 차면서 우리 스크럼은 전진하고 있었다. 우리에게 이승만은 타도되어야 할 '노욕의 반민주 독재자' 그것이 전부였다. 여기에 수정을 가할 동기나 계기가 이후의 정치사 속에 있지 않았고, 이 같은 이승만 상像은 4·19를 뛰었던 세대의 가슴 속에 화석으로 남았다.

나의 이승만 재발견, 정시正視는 북의 김일성을 통해서였다. 김일성은 1994년 3월 NPT(핵확산 방지 조약)를 탈퇴하고 전쟁공갈을 치면서 미국을 씨름판으로 불러냈다. 1994년 6월 미북美北 제네바 1차 회담에서 북한은 아무 것도 내 놓은 것이 없는 채로 미국으로부터 핵공격을 하지 않겠다는 보장을 받아냄으로써 그들이 교섭 상의 우위에 있음을 드러내 보였다. 심히 놀라운 일이었다.

김일성이 오늘의 유일 초대국인 미국을 을러대는 노하우가 어디서 왔을 것인가가 궁금했다. 공산측이 상대의 교섭의지를 소진시킴으로써 협상우위를 노리는 수법이 눈에 들어왔지만, 전 과정을 훑으면서 나는 거인 이승만을 발견하게 되었다. 반도의 통일 같은 것은 아랑곳없이 휴전하고 보겠다는 미국 앞을 가로막은 최대의 장벽은 결국은 공산측도 아니었고, 당시로서는 그들이 업고 있다고 생각했을 나라, 한국의 대통령 이승만이었다.

한국전쟁의 뒷방노인 이승만이 휴전회담의 마지막 타결단계에서 단독 북진론으로 휴전에 대한 절대거부권을 카드화했다. 회담에서도 제외되었던 자가 상황전개의 한복판에 버티고 서 버렸다. 휴전이 다급했던 모택동과 처칠이 이승만 요구 들어주라고 아이젠하워 대통령에게 압력 넣는 국면이 벌어졌다. 이승만은 경무대에 앉아 미국 대통령 특사를 불러 휴전 이후의 국가경영에 필요한 결정적 수단들을 일거에 미국으로부터 받아냈던 것이다. 한국은 초토화된 국토의 전후 복구비와 경제원조, 국군을 20개 사단으로 증강무장, 한미상호방위조약 체결 등을 구걸이 아니라 미국을 봐주는 모양으로 확보할 수 있었다. 이 과정에서의 반공 포로 석방은 같이 싸운 자유진영을 향해 이념의 고지를 독점하고 단독 북진론에 현실미를 부여하는 전략적 고수였던 것이다. 대한민국 오늘의 번영의 울타리가 이때의 이승만의 전략안과 운명적 결단의 산물임을 잊을 수는 없을 것이다.

휴전과정을 보면서 "김일성의 전쟁 공갈을 곁들인 NPT 탈퇴선언이 이승만의 단독 북진론을 흉내냈구나"라고 나는 직감했다. 대국이 소망하는 정치이익을 일신을 내어 던짐으로써 '파투破鬪' 놓을 수 있는 가능성을 전략수단화한 이승만의 수법을 김일성은 배운 것 같다.

이승만에 괄목하는 이유는 위에서 든 이승만 전략의 실천은 아무나 할 수 있는 게 아니라는 데 있다. 권력을 잡았다고 대통령이면 누구나 할 수 있는 것이 아닌 것이다. 일신의 생명과 스스로의 권력기반과 3천만의 화복禍福과 온 국운을 거는 운명적 결단을 견뎌내는 인격은 예사롭다고 할 수 없다.

이승만이 이승만 전략을 실행해 냈다는 것은 당시의 한반도 내외정세를 감안할 때 그가 첫째로 불퇴전의 주인의식을 갖고 있었다는 것, 둘째로 이를 당연히 내면에서 뒷받침해내는 강렬한 민족적 아이덴티티의 소유자였다는 것, 셋째로 국제정치에 대해 마키아벨리적 전략 감각을 소유하고 있었다는 것, 넷째로 국가의 全기능에 대한 고도의 장악력의 견지, 다섯째로 온 국민의 성망聲望이 일신에 집중할 때만이 가능한 고양된 정신의 사명감 등을 그가 가졌음을 짐작케 한다.

'노욕의 독재자'로 화석화된 우리 세대의 이미지와의 사이에 있는 거리가 거부하고 싶지 않은 충격을 주었다.

이승만의 전기를 들춰보고 싶어졌다. 나라를 세운 대통령인 그의 전기를 한 번도 읽은 적이 없다는 데 생각이 미쳤고, 이어서 오늘의 일본을 경제 초대국으로 만든 국가전략을 설계한 요시다 시게루 수상, '프랑스의 영광' 드골 대통령, 죄 많은 독일을 자유독일로 다시 나게 하여 서구사회에 착근케 한 아데나워 수상의 전기류는 이미 들춰보았다는 주제가 스스로 부끄러웠다.

이 세 사람은 이승만과 비슷한 시기에 집권했던 이승만의 동시대인들이다. 이승만 자료를 뒤적이고서 느낀 소감은 이승만이 우리 민족국가 위에 남긴 성취와 인간의 크기는 아데나워 등의 3인에 비해 상대적으로 컸으면 컸지 적지 않다는 것이었다.

문제가 된 이승만의 권위주의적 통치행태라는 것도 요시다 수상이나 드골 대통령 등이 이승만보다 덜 할 것도 없는 사람들임을 알게 된다. 이승만 등 네 사람은 당시의 세계 대세大勢, 국제정치에 모두 달통한 지도자들이었지만, 지력知力이나 식견이나 인격의 고매성에 있어서는 동서의 학문을 겸비하고, 대의大義 앞에 몸 던져 죽음을 넘어온 이승만 쪽이 더욱 돋보인다는 것이 솔직한 소감이다.

이승만 리더십의 비부秘府를 더듬어보고자 간략할지라도 그의 전기류에서 이승만의 아이덴티티(정체성) 문제와 카리스마 형성점을 들여다보겠다.

미당 서정주가 청년시절에 쓴 것으로 보이는 『이승만 전기』(1949년 삼팔사 간)가 있다. 미당의 천재적 감성이 인간 이승만에서 포착했을 뭣인가에 부딪히고 싶어서 유심히 뒤졌다. 나는 두 가지에 부딪혔다.

일본이 한국을 삼킨 1910년, 그해 이승만은 프린스턴대학에서 박사학위를 받았고, 10월에 귀국하였다. 그해 겨울 미국에서 공부하고 6년 만에 돌아온 36세의 이승만은 매일같이 서울이 내려다보이는 남산 언덕에 올라 연을 날렸다는 것이다.

미당의 이 지적은 비교적 상세한 이원순의 『인간 이승만』(신태양사)이나, 미국인 고문인 올리버의 『이승만』속에도 보이지 않는다. 미당은 이렇게 적고 있다. "합병되는 해의 한 겨울을 날마다 남산 마루턱에 올라, 종이연을 하늘에 띄워 놓고는 자새(얼래)에 감긴 실을 풀었다 감았다 하며 수두룩히 짓밟히고 있는 조국의 혼을 모조리 그의 속에 불러들이기에 여념이 없었을 것이다."

독립투쟁을 위한 모든 개인적인 준비를 끝내고서 망국의 산하를 앞에 한 연날리기, 미당의 기록에서 나는 두 가지의 함축을 읽는다. 첨단의 개화풍을 세례 받고 온 이승만이 가장 '조선적'인 연 자새를 잡았다는 것과, 이승만의 시선이 '오늘' '여기'에 있지 않고 연과 함께 창공 속에, 바람 속에 '내일' '저기'에 있었다는 것, 두 가지다. 이후 서西적 세계 속에서 '조선적인 것'을 고집하여 '내일' '저기'를 지향하는 이승만의 투쟁에 쉼은 없었다.

미당이 쓴 전기에서 또 하나 특출한 지적은 이승만이 '조선사람' 이더라는 대목이다. 머리말에서 미당은 이승만을 구한말에서 '현재' 까지 한 세기 변화 많은 세월 속에서 누구보다도 변하지 않은 '조선사람' 이라고 했다.

인격적 에너지와 리더십의 모반母盤인 아이덴티티 문제는 이승만의 경우 간단치 않다. 고문인 로버트 올리버는 이승만을 '미국정신의 완벽한 구현자' 라고 하고 있다. 이승만 인격 속에 있는 크리스챠니티의 구현을 보았을 것이다. 이승만은 이미 10대 말에 과거 응시하느라고 『사서삼경』이나 『통감절요』 등으로 선비적 교양은 육화되어 있었다. 이승만 속에는 동東적인 것도 있고 서西적인 것도 있다. 이승만이 집권과정 이후 권력합리주의의 세계 속에 섰을 때 그는 다양한 권모를 동원했다. 마키아벨리적 서의 권모도 있었고 한비자韓非子적 동의 권모도 있었다. 그는 정적들의 치떨리는 증오 속에 있었다.

흔히 얘기하는 이승만 리더십의 핵심, 그 카리스마(원래 천부라는 뜻이지만)의 형성점을 이병주李炳注는 20대 후반의 이승만의 수형受刑 과정에서 찾고 있는데 나도 동의하고 싶다. 에릭슨은 불멸의 아이덴티티가 형성되는 한 과정을 죽음과의 대치에서 제시하고 있다. 유有에의 집착이 아닌 무無의 강조, 죽음 혹은 자기부정이 영원한 생명에의 제일보가 되는 초월적 영위가 있는 것이다. 그것은 죽음으로써 이룩되는 성취의 차원인 것이다.

3·1운동 직후 국내와 중국 상하이와 노령 블라디보스토크에 임시정부가 생겨났는데 하나 같이 멀리 미국에 있는 이승만을 수장으로 추대했다. 선거운동이 있었을 것도 아닌데 45세 전후해서 그의 카리스마는 전全민족 위에 퍼져 있었던 것을 알게 된다.

이승만이 스스로는 그 내면에서 우리 민족과의 관계를 어떻게 설정했을까. 얼핏 이집트에서 종살이 하는 유태족을 이끌어낸 해방자, 입법자 모세의 역을 스스로에게 얹어놓고 있었던 것은 아닐까라는 생각이 든다.

프로이트는, 구약에는 그렇지 않지만 유태족의 원부原父 모세는 유태족에게 학살되었다고 한다.(『프로이트 전집』 '모세와 일신교—神敎')' 이 원부 살해의 죄의식이 윤리에의 심적 에너지가 되어, 유태인의 집단 심리 속에 수백 년을 두고 잠복, 회귀되어 모세의 가르침인 일신교와 선민사상은 유태교로 강화, 정착 되었던 것이다.

대한민국에 관한 한 이승만에게 원부적인 것을 인정치 않을 수 없다. 신생 조국에서, 이승만이 없는 예산에 가장 심혈을 기울였던 게 교육진흥이었다. 이승만의 민족교육, 민주주의 교육을 받은 첫 세대가 소위 '4·19세대'다. 4·19세대야말로 그들의 민족적 원부를 찾는다면 이승만을 두고는 없을 것이다.

4·19세대가 이승만의 교육정책으로 불어난 대학을 통과하면서 이승만 교육에서 배운 민주주의로 원부 이승만을 (정치적으로) 학살했던 것이다. 오늘의 4·19세대는 영웅 오이디푸스처럼, 유태족처럼 원부를 학살하면서 성장했다.

살부殺父 설화의 정신분석이 가르쳐주는 것은 아들들에 의한 원부의 부활과 화해다. 그것이 다음 단계 성장의 조건인 것이다. 유태교 속에 부활된 모세처럼 부활된 원부 이승만은 대한민국의 발전에 관한 한 강화된 윤리적 요구의 원천일 수밖에 없는 것이다. 오늘의 4·19세대와 '원부' 이승만과의 화해를 딛고서 대한민국 융성의 지보는 무궁할 것이다.

|4 · 19의거의 역사적 평가|

이승만도 '이승만 헌법' 지키려 물러났다

류근일 |〈뉴데일리〉 고문|

중국의 등소평은 문화혁명 기간에 모택동에게 이루 말할 수 없는 박해와 수모를 받았다. 한국 같았으면 등소평 정권이 들어섰을 때 모택동은 아마 부관참시를 당했을 것이다.

그의 초상화가 천안문에서 사라지고 그의 이름이 중국 공산당사에서 '악당' 으로 낙인찍혔을 것이다. 그러나 등소평 정권은 모택동의 공功은 공대로, 과過는 과대로 분리해서 기록하기로 했다. 등소평은 모택동을 '오로지 악당' 으로만 그려 놓을 경우 등소평 자신의 역할을 포함하는 중국 공산당 초창기 역사가 송두리 째 '악당의 역사' 가 된다는 것을 생각했을 것이다.

우리의 경우는 4 · 19 혁명이 나자 시위 군중들이 이승만 대통령의 동상을 허물어 끌고 다녔다. 4 · 19 혁명 이후 이승만 대통령의 공로 부분에 대해 조금이라도 긍정적으로 평가하는 것은 정치적 출세에 지장이 되는 행위로 치부 되었다.

지금도 대한민국 건국사 일체를 부정하는 친북좌파는 물론이지만, 그렇지 않은 진보파, 자유주의, 보수주의 지식인들까지도 이승만 대통령의 공로 부분을 평가하는 데는 가급적 인색하게 굴어야 하는 것처럼 돼버렸다.

그러나 4·19 혁명을 기리기 위해서는 이제 와서도 반드시 이승만 대통령의 건국 공로까지 먹칠해 버려야 하는 것인가를, 그리고 그것이 민주화 세력엔들 도움이 되는 것인가를 8·15 건국 62주년이 되는 오늘의 시점에서 진지하게 음미吟味해 봐야 한다.

만약, '만약'이 부적절할지는 모르지만, 이승만 박사까지 대한민국 수립에 반대해서 남북협상을 하겠다며 38선을 넘었다면, 그랬다면 4·19 혁명인들 가능했을 것인가? '아니다' 라고 말하는 것이 정답일 것이다. 4·19 혁명은 대한민국 헌법을 수호하려던, 대한민국 헌법이라는 갓 파더god father의 권위에 의거해서, 대한민국 헌법체제가 있었기 때문에 가능했던 상황이었기 때문이다.

그렇다면 4·19 혁명을 지지하기 위해서는 먼저 대한민국 헌법의 출현을 지지해야 하고 대한민국의 탄생을 지지해야 한다. 그리고 그 연장선상에서 대한민국 헌법과 국가를 만든 원훈元勳들의 공로를 긍정해야하고, 그 대표인 이승만 박사의 공로를 긍정할 수밖에 없다.

자유민주 헌정 체제는 참으로 기막힌 묘리妙理를 가지고 있다. 헌법 자체는 이승만 박사 등 사람들의 의지가 만들어낸 피조물이다. 그러나 일단 만들어진 헌법은 이승만 박사를 포함하는 모든 인간들을 묶어 버린다. 이승만 박사는 설마 자신이 주도해서 만든 대한민국 헌법에 의해서 자신의 권좌가 무너지고 자신이 하야를 하게 될 줄은 아마 꿈엔들 생각하지 않았을 것이다. 이것이 대한민국 자유민주 헌정 체제와 김일성 김정일 수령 절대주의 체제가 다른 결정적인 요체다.

대한민국 헌법 체제는 결국 일단 만들어진 이후에는 이승만 개인의 것도, 자유당만의 것도 아닌 야당의 것이기도, 저항언론의 것이기도, 비판적 지식인들의 것이기도, 반정부 대학생들의 것이기도 했다는 이야기다. 이승만 세대는 대한민국 자유민주 헌법체제를 만들었고, 그 손자 세대는 대한민국 자유민주 헌법 체제의 이름으로 3·15 부정선거를 규탄하고 이승만 대통령을 하야 시켰다. 이 얼마나 기막힌 묘리인가? 4·19 당일 바리케이드의 양쪽에서 대치했던 학생들과 이승만 대통령은 대한민국 헌법이라는 구속력에 묶여 있었다는 점에서는 절묘한 중첩성을 보였다는 이야기다.

이승만 대통령과 4·19 세대는 정치적, 국면적 political juncture 으로는 서로 배제排除적일 수 있어도 원추圓錐의 뾰죽한 출발점, 대한민국 헌법이라는 최상위의 객관적 규범의 지배를 받았다는 점에서는 서로 배제적일 수 없는 셈이다.

이승만 대통령이 4·19 세대의 부정선거 규탄을 부정하는 것은 자신이 주도해서 만든 대한민국 헌법 정신을 부정하는 것이 되고, 4·19 세대가 이승만 대통령의 건국 공로까지 부정하는 것은 4·19의 뿌리인 대한민국 건국사의 '레종 데트르(raison d'etre, 존재이유)'를 부정하는 것이 되기 때문이다.

역사를 관찰하는 데는 당대當代적 관찰과 후대後代적 관찰, 근접적 관찰과 성찰적 관찰이 있을 수 있다. 당대적 관찰이란 작용에 대한 즉자적卽自的인 반작용 같은 것이다. 자유당 경찰이 평화적인 시위대에 정조준 발포를 하는 순간 군중들이 "저런 나쁜 X들!" 하고 분노하는 것이 바로 그것이다. 그 연장선상에서 당대인들은 격한 정서로 그런 부도덕한 관권官權의 대표인 이승만 대통령을 원망하고 규탄할 수 있다.

아무리 성현聖賢의 가운데 토막 같은 사람이라도, 자유당 경찰이 김주열 군의 이마에 최루탄을 박아 살해하고 마산 앞 바다에 그 시신을 유기한 현장을 보는 순간 이승만 대통령이 대표하던 당시 권력에 대해 즉각적인 분노의 반작용을 표하지 않을 수 없었을 것이다. 4·19 세대의 이 같은 당대적 반응은 충분히 헤아리고도 남는다. 그러나 역사는 긴 안목에서도 바라보아야 한다. 후대적, 성찰적 관찰의 필요성이다.

4·19는 먼 옛날의 일로 치부할 수 없는 '여전한 당대사'라 할지 모른다. 그러나 4·19 후 50년이 지난 오늘의 시점에서는 당대적 근접관찰과 후대적, 성찰적 관찰을 동시적으로 진행시킬 충분한 이유가 있다. 이승만 대통령의 말년을 비판하는 것을 넘어 그것으로 그의 건국 공로까지 덮어 버릴 경우 중대한 문제가 발생하기 때문이다.

이승만 박사의 건국 공로를 간과하면 한반도 분단의 원인이 남쪽에 있다는 반反대한민국 사관史觀의 억지와 궤변 앞에서 우리를 무장해제 하는 위험이 발생한다. 분단의 원인은 대한민국 수립에 앞서 38선 이북 지역에서 이미 폭력적으로 강제되었던 소련 점령군 및 그 하급자 김일성의 인민위원회 혁명과 1당 독재 수립이었다. 공산주의자들은 그 폭력혁명을 38선 이남까지 확대 하려 했다. 그렇게 되면 남한의 비非공산주의자들은 그날로 생명을 유지할 수 없게 된다.

이럴 때 남한만이라도 그 1당 독재 폭력혁명에서 면제 시켜야 하겠다는 결단을 하지 않으면 그것은 비非공산주의자들로서는 가만히 앉아서 죽임을 당하겠다는 것밖엔 안 된다.

이 죽임을 당하지 않으려면 어떻게 해야 했는가? 가능한 지역(남한)에서만이라도 자유총선을 실시해 비非공산주의자들의 살 터전, 즉 자유민주 헌법 질서를 만드는 것이었다. 이게 이승만 박사의 건국 노선이었다. 4·19의 '자유민주' 여망은 따라서 이승만 박사가 여망한 대한민국 '자유민주'

헌법 질서와 대칭성 아닌 연속성continuum 속에 있다.

　이 연속성이 4·19 당일 경무대 앞 바리케이드로 단절되었다. 그러나 이승만 대통령은 그 바리케이드의 의미를 김정렬 국방장관으로부터 설명받는 자리에서 자신이 더 이상 반反헌법적 권력의 원천 노릇을 할 수도 없고 해서도 안 된다는 '때時의 뜻兆'을 직감했다.

　그래서 그는 그 자리에서 '내가 책임지고 물러나야' 라는 뜻을 밝혔다. 병원으로 4·19 부상자들을 찾아가 눈물을 흘리며 "불의를 보고 분노하지 않으면 젊은이가 아니다"라고 말했다. 그리고 4월26일 경무대를 떠나 바리케이드를 넘어왔다. 부정선거와, 부정선거 규탄으로 끊어졌던 당초의 그와 국민 사이의 헌법적 연속성이 복원되는 순간이었다.

　이승만 박사가 주도했던 1948년의 '7·17 대한민국 헌법 제정'과 '8·15 건국'은 한반도 역사상 전혀 새로운 시작이자 빛나는 금자탑이었다. 부족사회, 봉건왕조, 중화中華주의, 식민주의, 파시즘-볼셰비즘 등 현대 전체주의, 쇄국주의, 강제적 집단주의, 전근대적 퇴영을 뛰어넘어 근대modernity 대장전大章典과 기틀을 마련한 획기적인 파라다임 전환paradigmshift 이었다. 이 전환은 소련 점령군 사령관 슈티코프 중장과 그 하수인 김일성에 대항해서, 그리고 하지 중장이 이끌던 미군정과도 다퉈가면서 이승만 박사가 선도한 한국적 생활방식의 근대주의적 돌파breakthrough 였다.

　4·19 혁명은 그 연장선상에 있다. 1948년의 이승만 대통령과 1960년의 4·19 세대는 그래서 자신들이 각자의 위치에서 앞서거니 뒤서거니 만든 자유민주 대한민국 65년사의 긍지矜持를 공유하면서, 그 공유가치를 일구어 낸 각자의 정당한 몫을 인정하고 인정받아야 한다.

|이승만의 예지와 배짱|

몇 세기에 한번 나타날 불세출不世出의 영웅

이도형 |〈한국논단〉 발행인|

　우남 이승만은 예지와 배짱을 겸비한 지도자였다. 그는 적어도 수십 년 후의 일을 꿰뚫어 보고 걱정하고 대책을 세우는 예지의 지도자다. 뿐만 아니라 보통 사람들은 언감생심 엄두도 못내는 일, 많은 사람들이 겁내는 일을 그는 아무렇지도 않게 해내는 지도자였다. 일본의 유명한 사회평론가 아이다 유지會田雄次는 사람을 세 가지 유형으로 나눈다.
　첫째는 '할 수 있는 일을 하는 사람. 회사원이나 공장의 기술자 같은 보통의 능력 있는 사람들이 이에 속한다. 두 번째는 보통사람이 할 수 없는 일을 해내는 사람. CEO급 인간을 말한다. 회사 간부나 사장, 회장 등이 이에 포함된다. 마지막으로 '해서는 안 될 일'을 해치우는 인간형. 초인적인 대단한 능력을 가진 정치가. 바로 이승만과 같은 인물을 말한다.
　이승만의 초인적인 능력과 예지는 이미 널리 알려져 있으며 많은 학자들이 그 구체적인 사례들을 논문으로, 서책으로 엮어낸 바 있다. 예컨대 공산당과 정적政敵들이 맹렬히 반대하는 38선 이남만의 남한 단독정부를 수립했다든가, 1953년 6월 18일, 휴전 성립을 한 달 남짓 앞둔 시점에서 2년여의 휴전협상을 깡그리 망가트릴지도 모를 반공포로 석방이라든가, 이승만은 '해서는 안 될 일'을 수없이 저지르고 모두 성공 시켰다.

여기서는 그 밖의 비교적 덜 알려진 에피소드를 소개할까 한다.

이승만은 대한민국 임시정부 여권 제1호 발행자이자 최초의 소지자였다.

그는 1919년 4월 미국 필라델피아에서 배재학당 선배인 서재필徐載弼 박사와 함께 '신대한 건국구상 新大韓建國構想'이 틀을 짜고 그해 8월 워싱턴 DC에 구미위원부歐美委員部: The Korean Commission to America and Europe를 설립한 직후, 중국 상해로 달려가 대한민국 임시 대통령직에 취임한 뒤 다시 미국으로 건너갔다. 그런데 외국에 나갔다가 미국으로 돌아갈 때마다 이승만은 늘 출입국에 애를 먹었다. 한국이 일본에 강제병합 되면서 이승만도 다른 독립운동가들처럼 무국적자가 되었기 때문이다.

3·1운동 직후 미국에서 밀선을 타고 중국에 밀입국했던 이승만이 대한민국 임시정부 대통령직에 있다가 여러 경위를 거쳐 워싱턴에서 1932년 말경 다시 제네바 국제연맹에 가게 되었다. 1925년 임시정부 의정원에게 대통령 탄핵안이 통과되어 다소 침체되었던 이승만을 임정이 다시 절실하게 필요로 하는 계기가 생겼다.

일본의 중국침략이 본격화 되면서 일본 편에 섰던 미국, 영국 등 열강이 일본을 국제사회에서 몰아세우기 시작한 1932년 11월 상해 임정의 김구 주석은 이승만에게 전권대사로 제네바에 가 줄 것을 간청했다. 이승만은 쾌락하고 미국을 떠나려는데 재입국 비자가 나오지 않았다. 미국 국무성에는 이승만을 탐탁지 않게 여기고 미워하는 관리가 많았기 때문이다.

이승만은 프린스턴 대학 총장으로 있는 우드로 윌슨(후에 28대 대통령)을 찾아갔다. 이승만은 윌슨에게 국무성 관리들이 재입국 허가를 안 해준다면서 주선해줄 것을 부탁했다. 윌슨은 이승만에게 "간단한 방법이 있다"고 했다. 미국 시민권을 신청하라는 것이었다. 이승만은 그건 말도 안 된다며 일언지하에 거절했다.

"나는 이래봬도 대한민국 임시정부 대통령이다. 어찌 남의 나라 시민권을 받겠는가"고 항의하듯 따졌다. 윌슨은 이승만의 이 한마디에 강렬한 충격과 감명을 받았다. 윌슨은 국무성에 연락하여 '대한민국 임시정부 대통령' 이승만의 재입국 비자를 받도록 해주었다.

얼마 전까지만 해도 대한민국 지도층에는 이런저런 이유로 미국 시민권을 획득하여 이중국적을 지닌 사람들이 드물지 않았다. 그 당시에도 서재필, 안창호 등 어지간하면 미국시민권을 획득한 '독립운동가'가 적지 않았다. 이승만처럼 미국서 5년 동안에 학사(조지 워싱턴대), 석사(하버드대), 박사(프린스턴대) 학위를 두루 받고 외국여성과 결혼까지 한 사람이 미국 시민권 권유를 뿌리친 것은 그의 조국독립에 대한 열의와 국가에 대한 충성심을 증명하고도 남음이 있다.

이승만을 대한민국의 다른 역대 대통령(7명)과 동열에 놓거나, 심지어는 박정희, 김대중, 노무현만도 못한 평가를 내리는 일이 있다. 여타 대통령들을 굳이 폄하할 생각은 없지만, 이승만은 몇 세기에 한번 나올까 말까한 위대한 지도자다. 이것을 못 알아보는 한국민에게 하늘은 복福보다 화禍를 더 내려주시는 건 아닐까.

이승만의 위대함은 일일이 열거하기도 바쁘지만, 그중에서도 1952년 1월 18일의 평화선 선포, 1953년 6월 18일의 반공포로 석방, 이 두 가지만은 이승만이 아니면 해내지 못할 이승만 특유의 타고난 뱃심의 산물이다. 한반도 해안으로부터 평균 60마일까지 선을 긋고 모든 외국선박의 어업을 엄금한 것이다. 동시에 이 선은 적의 함정의 침투를 막는 방어선이기도 했다.

　이승만 대통령이 이 선을 평화선이라고 선포한지 8개월 후인 1952년 9월 유엔사령관 마크 W. 클라크 대장은 한반도 주면 9백 킬로미터까지 선을 그어 해상방어지대Sea Defense Zone를 선포하였다. 이는 전쟁이 진행 중이던 당시 순전히 작전목적을 위해 유엔군 선박 외에는 허가 없이 못 들어오도록 한 조치였다.

　이승만은 그만큼 선견지명이 있었던 것이다. 그는 아마도 제2차 세계대전 종전직후 연합군 총사령관 더글러스 맥아더 장군이 한국과 일본의 해역을 구분하기 위해 설정한 맥아더 라인에서 힌트를 얻었는지 모른다. 어쨌든 이승만은 미증유未曾有의 전쟁을 치르면서 국방과 경제 양 측면을 고려하여 평화선을 선포한 것이다. 지금 논란이 되고 있는 독도를 이 평화선 안에 넣은 것은 물론이다.

　더구나 이승만이 '해양주권선'이라 하여 선포한 평화선은 일본과 예비회담을 거쳐 겨우 본회담을 열기로 합의한 한일회담(국교정상화)이 열리기 한 달 전의 일이었다. 이승만은 일본 측의 간담을 서늘케 만든 것이다.

　이승만은 일본이 한국을 36년간 강제로 지배한 보상으로 36억 달러를 받아내야 한다고 한일회담 대표들에게 역설했다. 그 당시 일본의 외환보유고는 1억 달러도 안 되었다. 그러나 한국의 6·25전쟁 덕분에 일본은 1950년 1월부터 1955년 6월까지 무려 16억 1천 900만 달러(계약고 기준)를 벌어들였다. 이른바 '한국 특수'라는 것이었다.

　하지만 제1차 한일회담이 열린 1952년(1월)만 해도 일본은 가난했다. 이승만은 그런 일본과 지금 타결할 필요가 없다고 계산한 것이었다. 본회담 대표로 부임하는 헌법학자 유진오兪鎭午등에게 이승만은 당부했다.

　"그대들은 본회담을 타결 짓지 않아도 괜찮아."

의아해 하는 유진오가 "그럼 언제 타결 짓습니까?" 물으면 이승만은 "그대들이 다 죽은 다음 후세대에 가서 타결 지어도 늦지 않아"라고 대답했다. (이도형 저 『흑막黑幕 한일외교 교섭 비화』 p.66)

사실 이승만의 예측대로 되고 말았다. 이승만은 당시 한국 대표단원들이 과거 일제하에서 선생이나 선배의 위치에 있던 일본대표들을 상대로 회담을 해야 했기 때문에 자칫 불리한 조건으로 타결 될 것을 우려했던 것이다.

일본에서는 '리李 라인'으로 불리던 평화선은 그 후 얼마 안 되어 '전관수역專管水域' 등으로 세계적인 추세가 되었다. 이승만 대통령은 왜 국제법(제네바협정 등)을 위반해가면서까지 반공포로 2만 5천 명을 석방시킨 것일까. 우선 이것을 알아둘 필요가 있다.

반공포로 석방일 현재로 부산 마산 논산 및 상무대 등에 분산 수용된 북한인민군 포로들 가운데 북한으로 송환을 원하지 않는 반공포로는 3만 5천 400명 정도였다. 그런데 이들은 매일 몇 사람씩 공산당 세포들로부터 타살打殺당하곤 했다. 공산당 세포들은 자기들이 죽여 놓고는 "악랄한 국군놈들이 죽였다"며 역선전을 계속했다.

그래서 반공포로들은 일단 분리 수용했으나 공산당 세포들의 침투로 타살사고는 끊이지 않았다. 이런 보고를 접한 이승만은 기왕에 한국민의 염원에 배치되는 휴전협상이 성사될 바에야 북송될 처지에 놓인 반공포로들을 자유롭게 풀어줘야겠다고 생각했다.

그러나 포로수용소는 한국군 경비대를 포함한 유엔군 관리 하에 있었다. 이승만은 유엔군 관할 밖에 있는 원용덕元容德 헌병사령관(육군중장)에게 비밀명령을 내렸다. 원 사령관 휘하의 경비헌병들이 반공포로들을 석방시키라고. 이승만의 지령은 1953년 7월 18일 새벽(12시~5시) 절묘하게 집행 되었다. 이 과정에서 971명이 잡혀 수용소로 되돌아갔고 61명이 사살되었으며 116명이 부상했다.(US Army in the Korean War: Truce and Fighting Front, p.451)

　이승만의 쾌거는 세계를 놀라게 했다. 아이젠하워 미국 대통령, 처칠 영국 수상 등은 이승만 대통령을 맹렬히 비난했다. 그러나 이승만은 "당신들이 무엇 때문에 한국에 파병했느냐? 자유를 위해서가 아닌가. 나는 2만 5천명의 자유와 생명을 위해서 한 일이다."라고 그들을 침묵시켰다. 이승만의 예지와 배짱은 대한민국을 창건하고 위기에서 구해냈다. 몇 세기에도 나타나기 어려운 불세출의 영웅이다. 나라가 망할 때 하나님은 이승만을 한국에 내려 보내주셨다. 지금 우리는 또 다른 국가적 위기에 처해있다. 이승만과 같은 인물이 절실하게 필요한 때다.

| 이승만은 독재자가 아니다 |

왜 한국인은 자기네 위인을 모를까?

로버트 올리버 |이승만 대통령 정치고문|

한국에는 이승만 박사를 악한 인물이라고 비난하는 사람이 많다. 부패한 독재자라고 부르는 사람 또한 적지 않다. 나는 23년간 이 박사와 친교를 나누어 왔고 18년간 그의 미국 내 고문 겸 대리인이었다. 이 박사를 비난하는 사람 중에는 나와 이 박사의 이러한 관계를 근거로 들어 내가 "이 박사에 대해 지나치게 호의적이다"고 비판하지만, 그러는 그들은 "이 박사를 전혀 알고 있지 못하다"는 것을 사실로 인정하지 않고 있다.

이 박사는 과연 독재자였는가.

이 박사 재임 시 한국 신문들의 지면에는 반정부적인 기사들로 가득차 있었다. 비판자들은 이런 것을 근거로 이 박사는 재임 시 평판이 좋지 않았다고 지적하지만, 이는 이 박사가 언론자유를 폭넓게 허용했다는 뜻으로 해석해야 옳을 것이다. 비판자들은 당시 AP 통신이 한국의 언론자유를 세계 네 번째, 다섯 번째 수준으로 평가했다는 사실을 간과해서는 안 될 것이다.

비판자 중에는 1952년 이 박사가 재선을 위해 강압적으로 헌법을 개정하고 부정선거를 획책했다고 지적하는 사람이 있다. 이는 어느 정도 사실이다. 그러나 당시 한국의 투표율은 세계 최고였고 비밀투표의 원칙이 지켜졌다. 비판자들은 UN한국위원회가 "부정행위가 있었음에도 불구하고 투표 결과가 일반인의 진정한 의사를 정확히 반영했다"고 보고한 점에 주목하여야 한다.

비판자들이 이 박사를 독재자로 보는 또 하나의 증거는 국가보안법이 제정이다. 국가보안법은 용공세력이 침투하고 남북이 분단되는 안보 위기 속에서 만들어진 것이다. 국가 안보가 위태로운 상황에서는 어느 국가든 기본권을 제한한다. 미국 역시 진주만 피습 직후 태평양 연안의 일본계 미국인들을 수용소에 몰아넣은 적이 있었다. 지금 문제가 되는 국가보안법의 독소조항은 이승만 시절이 아니라 박정희 치하 때 만들어졌다는 점을 비판자들은 알아야 한다.

이 박사가 장기 집권한 것은 사실이다. 그는 명예로운 은퇴를 권유받았을 때 "그렇게 하고 싶다. 그러나 내가 은퇴하면 장면이나 조병옥이 대통령이 될 텐데 그들은 지도력을 갖고 있지 않다"고 응답했었다. 이 박사의 이러한 판단은 정확했다고 본다. 설사 이 판단이 잘못된 것이었다고 해도 이는 이 박사 혼자만 저지른 유별난 실수가 아니다. 루즈벨트, 처칠, 장개석, 모택동 등 세계 각국의 저명한 지도자들 역시 장기 집권을 획책했었기 때문이다.

비판자들이 놓치고 있는 가장 중요한 것은 이 박사의 애국심이다. 1898년 그는 독립협회 사람들과 연좌시위를 하다 체포돼 6년간 옥살이를 하였다. 이때 그가 당한 고문은 상상을 초월하는 것이었다. 그런 상황에서도 그는 『독립정신』을 집필했다. 이 책에서 그는 이렇게 적고 있다.

"백성들은 나라를 위해 일하는 것은 다른 사람을 위해 일하는 것이라고 생각한다. 그래서 그들은 다른 사람들이 대신 일해 주기를 바라며 기다린다. 그러나 자기 집에 불이 났는데 다른 사람들이 무시하고 있다고 해서 불을 끄지 않고 가만히 있어서야 되겠는가. 당신의 마음에 애국심이 없다면, 당신의 마음이 바로 당신의 적이다. 만약 당신의 마음속에서 공동의 대의를 위한 투쟁에 참여하지 말라는 유혹이 일어난다면 당신은 당신의 그 감정과 치열하게 싸워야만 한다."

20대에 옥중생활을 통해 그는 자신의 판단이 옳다는 확신을 갖게 되었다. 이러한 자신감은 때론 고집 세고 오만한 것으로 비쳐지기도 하였고, 비판자들의 입방아에 오르게 되었다. 그러나 자신이 제대로 이해하고 있는지 어떤지를 알지 못하는 사람, 자신이 옳다는 것을 확신하지 못하는 사람은 결코 남을 지도할 수 없다. 이 박사가 주위 사람과 불화를 빚은 것은 이러한 각도에서 보아야 한다.

이 박사에 대한 비난 중 하나는 그가 남한만의 단정을 획책했다는 것이다. 그러나 해방 당시의 한국을 연구하는 학자라면 누구나 소련에 복종하는 공산주의 정부를 수립했을 때만 남북 분단을 방지할 수 있었을 것이란 사실을 잘 알고 있을 것이다. 한국이 소련의 위성국가가 되었어야 옳다는 말인가?

이 박사의 가장 위대한 업적은 한국을 미국의 '부하'에서 '동맹자'로 끌어올리려고 한 점이다. 6·25 개전 초기 북한군이 대전을 포위하자 무초 미 대사는 한국정부를 제주도로 옮길 것을 제안했다. 그러자 이 박사는 권총을 꺼내 들고 "한반도를 떠나기보다는 끝까지 싸우다 죽겠다"는 의지를 보였다. 제주도로 정부를 옮기고 트루먼 대통령이 공산주의자들을 대한해

협에서 저지했으면 한반도는 동구처럼 공산화되는 선에서 해결되었을 것이다. 이 박사는 이러한 것을 보았기 때문에 한국군의 훈련과 무장을 지원해 달라고 요구했고, 압록강까지의 진격을 촉구하였다.

학교 교육제도의 확립 역시 빠뜨릴 수 없는 이 박사의 업적이다. 그의 재임 중 국민학교에서 대학원까지의 수많은 학교가 생겨났고 여기에서 배출된 인력이 그 후 급속한 경제성장의 밑거름이 되었다. 북한에서의 교육이 '위대한 지도자'의 전기와 사상에 집중하는 동안, 대한민국 헌법은 이데올로기에 물들지 않는 교육을 강조했다. 그 결과 한국 학생들이 열렬한 이 박사 추종자가 아니라 가장 치열한 비판자가 되었다는 점은 아이러니컬하지 않을 수 없다.

이 박사 재임 중 국회는 지주 출신이 다수를 점하고 있었다. 이런 상황에서 이 박사가 공산주의자였던 조봉암을 농림장관에 임명해 농지개혁을 강력히 추진했다는 점은 대단히 높은 평가를 받아야 할 것이다. 이승만은 위기와 가난의 심연에서 한국민을 끌어올린 위대한 지도자였다. 그런데도 한국인들은 이 박사에 대해 긍지를 느끼기보다는 악의적인 비난에 오히려 솔깃해하고 있다. 왜 한국인은 한국이 키워낸 위대한 지도자를 모르는 것일까.

|이승만은 근본적으로 자유민주주의자|

전쟁 중에도 한 번도 헌정중단 안 해

이주영 |건국대 명예교수|

민주주의의 핵심요소는 대통령 직선제이다

민주주의 제도를 어떻게 정의하든 간에 가장 본질적인 요소는 최고 통치자를 국민이 직접 선거를 통해 뽑는 대통령 직선제이다. 그 제도만 제대로 시행될 수 있다면 사회의 다른 측면에서도 많은 진보가 이루어질 수밖에 없기 때문이다. 그런 의미에서 우리 대한민국은 민주국가이다. 그러나 민주적인 요소들을 많이 지니고 있다 하더라도 세습적 특권을 가진 왕과 귀족이 남아 있는 군주국들은 엄밀하게 말해 민주국가라고 할 수 없다. 영국, 일본, 덴마크, 네덜란드 같은 군주국들이 바로 그 경우인 것이다.

우리나라에는 '조선민주주의 인민공화국'이란 국호에서 정의된 개념의 민주주의를 '진정한 민주주의'로 생각하는 사람들이 적지 않다.

그 경우에 민주화는 '북한화'와 '공산화'를 의미하게 되겠지만, 그것은 민주주의가 아니다. 최고 통치자의 자리가 자유선거도 없이 자식에게 세습되는 체제를 민주주의라고 부를 수는 없기 때문이다.

그러한 관점에서 본다면 1948년에 건국된 우리 대한민국은 민주주의의 요건을 제대로 갖추지 못한 채 출범하였다. 당시 빨리 정부를 수립해야 한다는 강박감 때문에, 대통령을 국회에서 간접선거로 뽑았기 때문이다. 그러나 미국식 대통령제에 오랫동안 익숙해 있던 이승만은 최고 통치자가 국민에게 책임을 지기 위해서는 국민에 의해 직접 선출되어야 한다는 생각을 가지고 있었다.

이승만은 오래 동안 외국 생활을 했기 때문에 국내 지지기반이 약했고, 따라서 엘리트층으로 이루어진 제헌국회에서 뿌리가 약했다. 그 때문에 그는 그가 원하는 북한출신의 이윤영 목사를 국무총리로 인준 받는 데 실패했고, 임영신 상공장관과 같은 자신의 심복을 야당의 사임 압력으로부터도 지켜주지 못했다.

건국 후 2년만인 1950년 5월의 총선거로 구성된 제2대 국회는 그에게 더 불리했다. '건국세력'의 중요한 구성원인 김성수의 한민당도 권력 분배에 대한 불만에서 이승만에게 등을 돌린 상태였다. 그들은 민국당의 새 간판을 내걸고 더 많은 세력을 모아 이승만 정부를 강하게 비판하고 있었다.

좌파 성향을 보였던 무소속 의원들도 이승만에게 적대적이었다. 그들 가운데는 남북협상과 좌우합작의 이상을 내세우면서 대한민국 건국에 반대했던 김구, 김규식의 추종세력이 많았다. 그들 가운데 김약수, 노일환과 같은 10여 명의 과격파들은 '국회 공산당 프락치 사건'으로 제거되기는 했지만, 대통령으로서의 이승만의 지위는 여전히 약했다. 그것은 이승만이 이윤영 목사를 또 다시 국무총리로 임명하려다 좌절된 사실에서 볼 수 있다.

 설상가상으로 북한의 6·25남침으로 국가가 대혼란에 빠지면서 이승만의 입지는 더욱 더 어려워졌다. 북한군에 밀려 정부가 부산으로 쫓겨 가자, 오위영, 김영선, 정일형을 비롯한 많은 국회의원들은 나라를 제대로 지키지 못한 책임을 묻겠다고 그를 압박하고 있었다. 그들은 1952년에 선출하게 될 제2대 대통령으로 장면을 추대하려고 했다. 미국 대사관, 다시 말해 미국무부도 그들을 지지했다. 국회 간접선거로 이승만이 다시 대통령에 선출될 가능성은 전혀 없어 보였다.

 이승만이 진짜 독재자였다면 이러한 상태에서는 아예 선거를 하지 않았을 것이다. 6·25전쟁 중이었으므로 국가 비상사태를 이유로 얼마든지 선거를 취소하거나 뒤로 미룰 수도 있었을 것이다. 그러나 평생 미국 민주주의에 익숙해 온 이승만은 전혀 그런 생각을 하지 않았다. 그 대신 그는 대통령 선거방식을 국회 간접선거에서 국민 직접선거로 바꾸려고 하였다. 자기는 국회의원들로부터는 배척을 당하고 있지만 국민 대중에게는 인기가 있다고 믿었기 때문이다.

 1952년 국회가 이승만의 대통령 직선제 개헌안을 부결시키자, 그는 힘으로 밀어붙였다. 임시수도 부산과 경남 일대에 계엄령을 선포했다. 그의 뜻을 따르는 원용덕 헌병사령관은 국회의원들이 탄 버스를 연행하고 그들 가운데 일부를 국제공산당 연루 혐의로 구속하였다. 이른 바 '부산 정치파동'이 일어난 것이다.

 대통령의 강경책에 주춤해진 국회는 한 걸음 뒤로 물러났다. 그리고는 행정부의 개헌안과 국회의 개헌안 가운데서 필요한 부분들을 골라 절충안으로 만들어진 이른바 '발췌 개헌안'을 통과시켰다. 핵심 내용은 대통령 직선제의 수용이었다.

 그것은 무리한 방식에 따른 것이었기 때문에 이승만은 국내외로부터 많은 비판을 받았다. 그럼에도 불구하고 민주주의의 발전이라는 장기적인 관점에서 본다면, 그 방향은 옳은 것이었다. 간선제 보다는 직선제가 자유 선거의 명분名分에 가깝기 때문이다. 따라서 국회의원들은 이승만의 강경 조치를 인정할 수밖에 없었던 것이다.

만일 그 때 국회의원들이 소신을 가지고 끝까지 버텼더라면 대통령 직선제는 통과되지 않을 수도 있었다. 왜냐하면 6·25전쟁을 주로 수행하고 있던 미국이 국회를 지지하고 이승만 제거 계획을 세우고 있었기 때문이다.

1953년에 휴전이 되어 나라가 안정되어 가면서 무리수가 몇 번 따랐다. 1954년에는 이른바 '4사5입' 개헌의 무리수가 있었다. 그것은 두 번으로 정해진 대통령 출마 횟수를 건국대통령 이승만에게만 제한을 없애기 위한 것이었다. 1958년에는 '24 보안법 파동'의 무리수가 있었다. 그것은 비판적인 언론과 북한 동조 세력을 규제하기 쉽도록 국가보안법을 개정하려는 데서 일어났다. 법안의 통과를 막으려고 야당인 민주당 국회의원들이 의사당을 점거하자, 정부가 무술 경관들을 동원하여 농성 국회의원들을 밖으로 끌어낸 다음 자유당 의원들만으로 통과시킨 사건이었다. 미국은 이승만에 대한 항의로 다울링 대사를 한 달간 소환하였다.

1959년에는 <경향신문> 폐간의 무리수도 있었다. <경향신문>은 가톨릭 계열로 구 한민당 계열의 <동아일보>와 흥사단 계열의 <사상계>와 함께 이승만 정부를 맹렬히 비판해 오던 야당지였다. 정부의 자제 호소에도 불구하고 경향신문이 어느 간첩의 체포 사실을 보도함으로써 또 다른 간첩을 체포하지 못하게 하자, 이승만 정부는 국가 안보에 피해를 입혔다는 이유로 그 신문을 폐간시켰던 것이다.

그러나 이러한 무리수에도 불구하고, 12년간에 걸친 이승만 통치기에는 한 번도 국회가 해산되거나 선거가 중단되지 않았다는 사실이다. 1954년의 국회의원 선거를 제외하고는 모든 선거가 이승만에게는 불리한 것들이었음에도 불구하고, 선거는 해당 년도에 꼬박꼬박 치러졌다. 전쟁 중에도 선거는 치러졌다.

아직 관권선거, 부정선거의 비난을 피할 수는 없었지만, 자유선거의 원칙이 기본적으로는 지켜졌기 때문에, 혁신계 정치인 조봉암도 1952년과 1956년의 대통령에 출마하여 적지 않은 지지표를 얻을 수 있었던 것이다. 그리고 1956년의 정·부통령 선거에서는 야당인 민주당의 장면이 여당인 자유당의 이기붕을 제치고 부통령에 당선되었던 것이다.

이승만의 최대 실수는 이기붕의 아들을 양자로 맞고 이기붕과 운명이 얽히면서 1960년의 선거에 출마하게 된 것이었다. 자유당 정부에 대한 국민의 불만이 크기는 했어도 이승만 개인에 대한 국민의 지지는 여전했기 때문에, 그의 당선에는 문제가 없었다. 게다가 야당인 민주당은 조병옥이 병으로 미국에서 사망함으로써 대통령 후보도 없는 상태였다. 그러므로 이승만은 이기붕을 부통령에 당선시키기 위한 자유당의 부정선거라는 함정에 빠져 결국은 4·19를 만나고 하야하게 된다.

이승만은 그의 후원자인 로버트 올리버 박사의 말대로, 개인의 자유와 자유방임의 원리를 믿는 '제퍼슨적 자유주의자'였다. 그렇지만 그 후진적인 신생국을 건국하고 유지하는 과정에서 부딪힌 수많은 장애물 때문에 자기 소신대로 행동하기 어려웠다.

신생국 대한민국은 출범부터 제주 4·3사건과 10·19 여수-순천 사건 등으로 무너질 수도 있는 위험한 상황에 놓였다. 게다가 건국 2주년도 못된 1950년 6월에는 북한의 남침으로 국가 자체가 붕괴할 지경이었다.

그러한 국가 생존이 걸린 위기 상황에서 공산주의자들이 혁명운동을 할 자유까지 허용할 수는 없었다. 그러므로 건국 3개월 만에 공산주의자들의 자유를 제한하는 국가보안법을 제정하고 반공을 최우선의 국가정책으로 내세울 수밖에 없었다. 따라서 그를 비롯한 반공국가 대한민국의 모든 대통령은 공산주의자들에게 자유를 주지 않는다는 이유로 독재자 소리를 듣게 될 운명이었다. 특히 이승만의 경우는, 그가 없었더라면 남한은 공산화되고 따라서 통일이 되었을 것이라는 이유 때문에 더욱 더 독재자의 누명을 쓰게 된 것이다.

이승만을 독재자로 모는 문제에 있어서 고려되어야 할 또 하나의 사항은 국회를 중심으로 한 야당 세력의 극한투쟁 양식이다. 자신들을 정의의 사도로 행세하며 무조건 반대와 극한투쟁에 호소하는 관행은 후진국에서 흔히 있는 일이다. 그렇다 해도 한국 야당의 그 정도는 너무 심하다. 그러한 행태의 뿌리는 조선 시대 유생들이 목숨을 걸 듯 일체의 타협을 거부하고 왕에게 상소하던 전통적 구습과 관련이 있어 보인다.

1958년의 국가보안법 파동에서 보는 바와 같이, 야당은 국회 본회의장을 점거하고 일체의 타협을 거부하였다. 그들은 민주주의의 이름으로 극단투쟁을 벌였지만, 투표를 못하게 방해하는 민주주의는 없는 것이다. 그러한 야당의 투쟁 특성은 여·야 중재에 나섰던 미국 대사 다울링마저도 개탄하며 지적할 정도였다. 다울링은 특히 민주당 신파의 비타협성에 실망했던 것이다. 따라서 당시의 정치적 파행은 그 책임을 전적으로 이승만에게만 돌릴 수 있는 것이 아니었다.

이승만과 민주주의의 관계를 살피는 데 있어서 고려해야할 또 하나의 사항은 지역주의 문제이다. 국민 개개인의 공정한 투표를 전제로 하는 민주주의 정신은 맹목적인 충성심을 요구하는 지역주의가 지배하는 풍토에서는 실현될 수 없기 때문이다.

역대 대통령 가운데 이승만은 유일하게 지역을 모르는 지도자였다. 태어난 곳은 황해도였지만, 두 살 때 서울로 왔기 때문에, 그는 서울 사람이었다. 그러나 서울은 전국적인 성격의 도시였고, 실상 그에게는 고향이 없었다. 그에게 중요했던 것은 지역의 이해관계가 아니라 개인의 능력 그 자체였다.

그 때문에 그의 통치기에는 정치적으로 지역 차별이 거의 느껴지지 않았다. 그래서 전남광양출신의 조재천이 대구에서 경북지사와 3, 4, 5대 국회의원을 지내고, 부산 출신의 강성주가 목포에서, 그리고 경남 산청 출신의 이필호가 전남 광주에서 3, 4, 5대 국회의원을 지낼 수 있었다. 그리고 4·19직후에 실시된 7·29총선에서도 경북출신의 엄민영이 전북에 참의원으로 당선될 수 있었던 것이다.

이승만이 지역에 관계없이 능력에 따라 인재를 등용할 수 있었던 데는 몇 가지 이유가 있었다. 첫째로 그는 지역이나 계급 같은 작은 문제 보다는 '문명' 또는 '생활방식'이라는 보다 더 큰 문제의 관점에서 보는 넓은 안목을 지니고 있었다.

다시 말해, 그의 주된 관심은 한국사회가 중국 중심의 '대륙문명권'에 그대로 남아 있느냐 아니면 미국 중심의 '해양문명권'에 새로이 편입되느냐 하는 문제에 놓여 있었다. 더구나 지역이나 계급 같은 문제는 그가 구한말 타도의 대상으로 투쟁했던 케케묵은 요소였기에 그런 문제에는 관심 자체가 없었다. 미국의 자유민주주의 같은 현대국가를 만들고자 몸부림친 이승만은 대한민국이 '해양문명권'에 속해야 한다고 믿었기 때문에 그러한 목적에 필요한 인재라면 누구든지 등용했다.

둘째로 그는 국가 생존 장치로서 '동맹'의 확보 문제에 주된 관심을 두고 있었기 때문에 지역주의를 초월했다. 국제정치를 잘 아는 이승만으로서는 약소국이 독립을 유지할 동맹국이 있어야 했다. 그리고 동맹국은 '영토적 야심'이 없어야 했다. 그는 미국을 적합한 강대국으로 생각했다. 따라서 미국과 동맹관계를 유지한다는 문제에 비하면 지역이나 계급의 문제는 사소한 것이었다.

셋째로 그는 '개인의 자유'를 최고의 가치로 여기는 자유주의자였다. 낡은 왕실과 부패한 양반계급의 전횡으로 대한제국이 강대국들의 희생물이 된 것을 뼈저리게 체험하면서 '백성이 유능해야 나라를 지킬 수 있다'는 신념을 신앙처럼 다진 이승만이었기 때문이다. 그에게 필요한 것은 오직 '유능한 인재' 뿐이었다.

이런 관점에서 본다면 이승만은 일반인이 생각하는 것처럼 독재적인 대통령이 아니었다. 많은 흠결과 실수에도 불구하고, 그는 근본적으로 자유선거의 기본 틀을 양보하지 않은 자유민주주의자인 것이다. 무엇보다도 그는 민주주의 핵심 제도인 대통령 직선제를 처음 도입한 민주혁명가라고 할 수 있다. 그 제도의 도입은 1987년의 이른바 '6·29 선언'의 대통령 직선제 발표가 나오기 35년 전인 1952년에 이루어진 것이었다. 따라서 대한민국 민주주의의 뿌리는 이승만 통치기로 거슬러 올라가게 되는 것이다.

대한민국에서 그동안 벌어졌던 '민주화' 투쟁들의 목표는 언제나 '대통령 직선제'였다. 건국대통령 이승만이 만들고 지켜왔던 '직선제 헌법'이야말로 공산침략으로부터 대한민국을 지켜내고 정치적 자유를 담보하는 최후의 보루였다. 4·19, 6·10 등 국민들의 궐기도 결국은 '이승만 헌법'을 제대로 실행하자는 요구의 폭발이었다.

오늘날 한국 민주주의는 이승만이 만들어놓은 틀을 경제성장과 문화향상에 따라 고급화하고 세련화한 것일 뿐이다.

|광복절 횟수 바로잡자|

원래 광복절은 1948년 건국기념일

양동안 |한국학중앙연구원 명예교수|

올해 광복절은 65회가 아니라 62회다. 국경일에 관한 법률에 부합하게, 광복절 회수 산정도 1948년에서 기산해야 한다.

광복절은 1949년 9월 21일 국회가 제정한 국경일에 관한 법률에 의해 제정되었다. 국경일에 관한 법률은 3·1운동을 기념하는 3·1절, 대한민국 최초 헌법의 공포를 기념하는 헌법공포기념일, 대한민국의 독립(건국)을 기념하는 독립기념일, 단군왕검이 우리 민족의 국가를 만든 것을 기념하는 개천절 등 4개의 국경일을 제정할 것을 규정했다. 이 법률 초안이 국회에서 통과될 때 헌법공포기념일의 명칭은 제헌절로, 독립기념일의 명칭은 광복절로 변경되었다.(<서울신문> 1949년 9월 22일자 참조)

1949년 9월에 국경일에 관한 법률이 제정되었기 때문에 1949년 8월 15일에는 독립을 기념하는 제1회 광복절 기념식이 개최되지 않았다. 그날의 기념식은 국경일의 명칭 없이 대한민국 정부수립(건국) 1주년을 기념하는 기념식으로 거행되었다. 국경일에 관한 법률에 따라 개최된 최초의 광복절 기념식은 6·25전란 중인 1950년 8월 15일 당시의 임시수도 대구에 있는 경북도청에서 극히 초라하게 개최되었다. 이날의 광복절 기념식은 제2회 광복절 기념식이었다.

이날이 제2회 광복절이었다는 사실은 당시 대통령이었던 이승만 박사의 광복절 기념사에 명기되어 있다. 이 대통령의 기념사 제목은 '기념사(제2회 광복절을 맞이하여)'로 되어 있고, 기념사의 첫머리는 "금년 8·15경축일은 민국독립 제2회 기념일로서"라고 시작하고 있다. 광복절의 횟수는 국경일에 관한 법률에 따라 대한민국이 독립(건국)된 1948년부터 기산起算되었던 것이다.

1951년의 광복절 기념식은 당시의 임시수도 부산에 있는 경남도청에서 개최되었다. 이때부터 광복절에 대한 이해에 혼란이 시작된다. 대통령 이승만은 이날 기념사의 제목을 '기념사(제3회 광복절을 맞이하여)'로 명기하여, 국경일에 관한 법률에 부합하게 대한민국의 독립을 기념하는 국경일로서 광복절을 기념했다. 그에 반해 신문들은 이날의 기념식을 '광복 6주년 기념식'이라고 보도하여 광복절을 국경일에 관한 법률을 무시하고 1945년 8월 15일 일본으로부터 해방된 것을 기념하는 국경일로 간주했다.

전쟁의 혼란 속에 벌어진 신문들의 광복절에 대한 착각은 정부로 전파되었다. 역대정부는 광복절의 회수를 산정함에 있어서 국경일에 관한 법률을 위반하고 1945년을 기산연도로 삼았으며, 현 정부에서도 그런 위법이 지속되었다. 정부는 금년 광복절부터라도 국경일에 관한 법률을 지켜서, 광복절을 대한민국 독립(건국)을 기념하는 국가명절(국경일)로 기념하고 그 회수 산정을 1948년에서 기산해야 할 것이다.

|대한민국 건국은 민주주의 혁명|

'소련 위성국' 막아낸 세계 유일의 인물

김광동 |나라정책연구원장|

    대한민국이 이룬 건국과 번영은 100년에 걸친 전체주의와의 투쟁결과였다. 우리 민족의 독립은 일본 군국주의라는 전체주의의 극복으로 가능했고 대한민국의 탄생과 존속은 공산주의라는 전체주의를 막아냄으로서 가능했다. 그리고 지금도 우리는 공산주의의 변형적 잔재인 김일성-김정일로 이어진 개인숭배적 전체주의와 맞서 있다. 그런 의미에서 통일이라는 민족국가의 완성을 아직 이루지 못하고 민족의 절반을 상상하기조차 힘든 반문명적 상태에 남겨두게 된 것도 북한 전체주의와의 투쟁에서 더 이상 진전을 이루지 못했기 때문이다.

    우리가 싸워온 전체주의와의 투쟁은 그 자체로 민주주의 확립과 성숙을 향한 과정이었다. 짧은 역사에도 불구하고 세계사적으로 빛나는 성공 사례이자 모델이 된 한국 민주주의의 혁명적 출발은 바로 건국에서 시작된 것이다. 그런데도 한국 민주주의는 언제, 어떻게 발전되었는가는 잊혀졌고 왜곡되어 있다. 흔히 한국 민주주의의 발전을 말하면 너나없이 4·19(1960)나 5·18(1980) 혹은 6·10사건(1987)을 말하는 수준이 되었다. 물론 그런 정치 격변이 우리 민주주의 성숙의 중요한 계기가 된 것도 분명하다. 그러나 다시 재조명해보면 그런 정치격변으로 한국 민주주의가 질적으로 다른 시대로 비약한 것은 아니었다. 왜냐하면 우리 민족사의 민주주의 혁명은 이미 1948년 건국으로 완성되었기 때문이다.

우리 민족사에 과연 언제 봉건 왕조체제가 폐지되었는가, 언제 국민주권에 따른 근대적 민주공화제가 시작되었는가를 되새겨보면 대한민국 건국이 얼마나 위대한 민주혁명이었는가를 알 수 있다. 또 언제 의회민주주의제가 시작되고 남들은 몇 백 년에 걸쳐 확대되어온 보통선거권에 따른 전면적 참정권이 주어졌는가를 보면 명백하다. 더구나 법치주의에 의해 기본인권이 지켜지고 인권의 근간인 재산권 확고히 보장될 뿐만 아니라, 복수정당제가 도입되면서 국민들이 정치세력을 선택하고 책임을 물을 수 있는 시대를 연 것도 건국에서부터다. 우리 민족사에 1948년의 대한민국 건국이란 새로운 독립국가의 건설을 넘어 실로 혁명적 민주주의체제의 출발이었던 것이다.

특히 건국으로 만든 자유민주체제는 민족사에 일찍이 경험해보지 못했던 것이기도 했지만, 사회경제적 기반조차 없던 나라가 도입한 유례없이 높은 수준의 민주주의였다. 제도적으론 수백 년의 민주주의 역사를 갖는 서구 유럽 국가들과도 거의 차이가 없는 수준의 전면적 민주제도의 시작이었다. 미국도 흑인에 대한 실질적 투표권은 1965년 전후에 주어지고 스위스조차 여성투표권은 1971년에 주어지는 상황에서 우리는 높은 문맹율과 낮은 경제 수준, 그리고 대륙으로부터 덮쳐오는 공산주의의 침략과 안보위협에도 불구하고 보통선거권에 따른 정기적 선거가 끊이지 않았다.

1948년 제헌선거를 필두로, 6·25를 한 달 앞둔 1950년 총선, 6·25전쟁 중의 1952년 대선 및 총선과 지방자치선거, 그리고 1954년 총선과 1956년 대선 등 일련의 선거역사를 보면 다른 모든 것을 포기하더라도 주권재민에 따른 민주주의만은 실패하지 않겠다는 집착과 의지가 반영되어 있다.

　건국으로 첫걸음을 내디딘 우리의 민주혁명은 주변의 다른 나라들은 결코 흉내 내기조차 어려운 수준이었다. '인민민주주의'를 내걸고 함께 출발했던 북한이 지금까지도 민주주의는커녕 반문명상태에 머물러 있는 것이나 계속된 경제성장과 안보위협도 없는 중국에 아직도 선거도 없이 공산당 독점이 계속되며 한국이 60년 전에 만든 수준조차 흉내 내지 못한다는 사실을 보면 우리가 얼마나 어려운 시대에 얼마나 훌륭한 민주주의를 시작했던가를 알 수 있다.

　경제번영이 계속된 홍콩과 싱가포르조차도 왜 민주주의가 꽃피지 못하는가를 보면 대한민국 건국이 만든 민주주의 혁명의 의의를 가늠할 수 있다. 한국이야말로 가장 악조건 속에서 모든 민주주의 선진국이 겪었던 경험과 시행착오를 가장 압축적으로 극복해가며 개발도상국 민주주의의 이정표를 만들어 세웠던 것이다. 그리고 이후 펼쳐진 산업혁명에 준하는 사회경제적 번영과 맞물리면서 우리 민주주의는 성숙되며 오늘에 이른 것이다.

　대한민국 건국의 또 다른 세계사적 의의는 두말할 것도 없이 공산주의를 막아내고 자유민주체제를 지켜냈다는 사실이다. 제2차 세계대전 후 승전국의 일원인 된 소비에트 스탈린체제는 주변국가 모두를 공산주의의 길을 걷도록 강요하였다. 동독, 폴란드나 헝가리 같은 유럽국가에서부터 우크라이나, 우즈베키스탄이나 중앙아시아, 그리고 베트남, 몽고, 북한에 이르기까지 서유럽을 제외한 유라시아 전역은 공산제국주의의 일원으로 편입되어야 했다. 중국도 공산당이 지배하는 공산체제로 가는 길에 예외가 될 수 없었다. 그것이 강고한 군사적 폭력과 단일한 이념을 무기로 한 스탈린 공산제국주의의 주변에 있었던 모든 나라들의 운명이었으며, 당시 상황에서 공산주의의 확장이란 주변국가에겐 쓰나미와 같은 것이었다.

그러나 대한민국은 그 공산주의의 쓰나미 같은 격랑을 헤쳐내고 자유민주체제를 지키며 번영을 일군 유라시아대륙 동쪽 끝의 유일무이한 나라였다. 다른 나라들은 냉전체제를 겪었는지 모르지만 대한민국은 전쟁이라는 열전과 대결이라는 냉전을 반복해 겪어야 했던 나라다. 냉전시대 최대의 전쟁이자 인류사에 가장 처참한 전쟁이었던 6·25전쟁을 포함하여 수없는 희생을 감내하며 공산주의 확장을 막아내야 했던 자유민주체제의 최전방 국가였다. 세계 공산주의 종주국인 소련 및 중국과 동시에 국경을 함께하며 가장 공산주의의 위협을 직접적으로 받고 침략을 견뎌내야 하는 나라는 대한민국이었다. 심지어 지금까지도 공산체제의 잔재와 개인숭배체제를 결합시킨 가장 폐쇄적이고 반문명적인 북한과 맞서야하는 나라이기도 했다.

그런 의미에서 혁명적 자유민주체제를 지키기 위한 한국의 민주주의 투쟁 60년사란 곧 공산전체주의와의 대결사이기도 했다. 다른 나라들은 봉건제 폐지나 선거권 확대와 같은 참정권 투쟁이 민주주의 투쟁의 주된 내용이었는지 모르지만 대한민국은 달랐다. 이미 일체의 유보 없이 민주주의가 시작된 한국에서의 민주투쟁이란 혁명적 자유민주체제를 공산 전체주의로부터 지켜내기 위한 투쟁이 가장 고귀한 투쟁이고 가장 커다란 희생을 요하는 투쟁이었다.

따라서 한국 민주투쟁의 구체성과 역사성이란 반공투쟁이고 반공투쟁이 곧 한국 민주투쟁의 본질이었다. 지금도 우리가 누리는 자유와 민주를 한반도 전역으로 확산시키기 위한 투쟁이야말로 한국 민주주의 투쟁의 본질이란 측면에서 변함이 없고, 역으로 북한의 전체주의를 옹호하고 지원하는 행위야말로 우리 자유민주사에서 가장 반민주적이고 반민족적 행위이기도 하다.

물론 1948년 대한민국 건국과정에서 이룬 민주주의혁명과 공산주의 거부투쟁에 가장 주도적 역할을 한 인물은 이승만대통령이다. 이승만은 일본 군국주의와의 대결을 기피하던 미국을 대상으로 일본 제국주의와 싸워야한다는 것을 역설, 입증한 인물이기도 했고 일본 군국주의에 대한 승리 뒤에는 모든 민주세력이 힘을 모아 소련 공산주의와 싸워 이겨내야 한다는 것을 당 시대에 가장 명확하게 이해한 인물이기도 했다.

세계사는 민주주의와 전체주의의 대결로 진행되고 있으며 전체주의를 이끌고 있는 세력은 일본 군국주의와 소련 공산주의라는 사실을 미국 루즈벨트 정부와 투르먼 정부를 대상으로 힘겹게 설득하고 관철시켜나갔던 것이다. 그리고 그 결과가 바로 건국과정에서 만들어 낸 대한민국의 민주주의와 반공체제였다.

현재 모든 국제기구가 측정하는 민주주의 지표로 볼 때 한국 민주주의는 서구 유럽에 버금가는 수준에 와 있을 뿐만 아니라 대한민국은 후발국으로 민주주의나 경제번영에 있어서나 세계적 모델이 되고 있다. 그런 면에서 한국은 1948년 민주주의 혁명을 이뤘고, 1961년부터는 그 제도를 성숙시킬 수 있는 사회경제적 발전을 축적시켰고, 다시 1987년부터는 혁명적 민주제도와 경제적 발전을 토대로 민주주의 성숙이라는 역사적 경로를 만든 나라다. 그 과정에서 자유와 민주주의투쟁에서 가장 빛나는 성과는 바로 대한민국의 건국이었다.

자유와 민주의 수준은 건국을 기점으로 이전과 이후는 질적 다른 비약의 시대를 열었고 나아가 세계의 신생국 민주주의가 가야할 길을 개척하고 모델을 만든 것이었다. 또 다른 한편에서 공산주의의 확장을 막아내고 자유민주체제를 지키며 성공시킨 것은 세계 인류사가 가야할 방향을 제시하는 이정표이기도 했다.

그렇기에 대한민국의 주도세력은 건국과 반공으로 만들어 세운 민주주의 역사에 대한 정당성을 확고히 해야 한다. 우리가 무엇을 어떻게 이루었는지를 명확히 정립해야 한다. 민주주의가 완벽하지 않았음을 부끄러워하고 반공의 길을 걸었던 것을 자랑스럽게 여기지 않는다면 그것은 우리가 만든 민주혁명과 세계사적 반공투쟁의 의의를 훼손하는 것이다. 그것은 우리가 성취한 세계적 업적까지 부정하며 잔존한 전체주의세력의 집요한 공격에 무릎 꿇는 것이다.

이승만을 중심으로 했던 건국과 반공이야말로 민주혁명이었고 한국 민주투쟁의 본질임이었음을 분명히 해야 한다. 동시에 북한까지 자유와 민주를 확산시키는 것이야말로 대한민국 건국 정신의 완성이란 사실과 사명도 흔들려서는 안 될 것이다.

|이승만과 6·25, 나라 구하기|

"통일 기회 왔다.
오로지 북진 통일!"

남정옥 |국방부 군사편찬연구소 책임연구원|

이승만 대통령은 6·25전쟁을 어떻게 수행해 나갔을까? 그는 임진왜란 이후 민족최대의 위기인 북한의 기습공격을 받았으나 40년간 독립운동을 통해 단련된 평정심을 잃지 않고, 국가지도자로서 취해야 될 조치를 의연하게 처리했다.

그가 전쟁 초기 위급한 다급한 상황에서 대통령으로서의 품위를 잃지 않고 국가수호를 위해 내린 조치는 크게 4가지이다.

첫째, 한국에서 일어난 전쟁이 세계대전의 빌미를 제공하는 장場이 되어서는 안 되겠다. 둘째, 한국민은 모든 국민이 참여하는 총력전을 펼치겠다. 셋째, 금번 북한의 불법남침을 남북통일의 절호의 기회로 삼아야겠다. 따라서 해방 후 미·소에 의해 인위적으로 그어진 38도선은 북한이 먼저 침범했기 때문에 이제 필요 없어졌다. 넷째, 이 위기를 타개하고 북진통일을 위해서는 미국과 유엔의 지원이 필요하다.

이대통령의 이와 같은 판단과 조치는 전쟁발발 얼마 되지 않은 상황에서 나온 것이었다. 그는 전쟁 발발 약 7시간 후인 1950년 6월 25일 오전 11시 35분 경무대에서 무초 미국대사의 방문을 받고 "한국이 제1차 세계대전의 배경이 되었던 제2의 사라예보가 되어서도 안 되겠지만 이 위기를 이용하여 절호의 기회가 될 '한국의 통일문제'를 해결해야 한다"고 했다.

또한 그는 북한의 전면기습 남침이 신생 대한민국에게 최대의 위기임에 틀림없으나 이에 굴하지 않고 "남녀노소 할 것 없이 온 국민이 돌멩이나 몽둥이라도 들고 나와 싸울 것이다"라며 총력전 의지를 밝혔다. 그는 이런 연장선상에서 이를 최대로 이용해 가장 어렵고 힘든 시기에 남북통일의 발판으로 삼겠다는 생각을 했던 국가지도자였다. 범인凡人으로서는 전쟁이라는 위급한 시기에 생각지도 못할 이대통령의 이런 생각은 전쟁기간 동안은 물론이고 이후에도 이대통령의 전쟁목표 내지는 그가 반드시 달성해야 될 국가과제로 여겼다.

이대통령의 이런 행보는 여기서 그치지 않았다. 그는 미국의 지원을 얻기 위해 필요한 조치를 취했다. 그는 무초 대사와 회담을 마친 후 주미대사관의 한표욱 참사관과 장면 대사에게, "저놈들이 쳐들어왔어. 우리 국군은 용맹스럽게 싸우고 있다. 그러나 우리의 힘으로 격퇴할 수 있을지 걱정이다. 우리는 끝까지 싸울 결심과 각오를 가지고 있다. 어떻게 하든 미국의 원조가 시급히 도착하도록 노력해야겠다"며 지시했다. 그의 지시를 받은 장면은 곧바로 미 국무부를 방문하고, 한국지원을 요청했다.

한편 전황이 악화되자 이대통령은 26일 새벽 3시에 맥아더 장군에게, "오늘 이사태가 벌어진 것은 누구의 책임이요. 당신 나라에서 좀 더 관심과 성의를 가졌더라면 이런 사태까지는 이르지 않았을 것이요. 우리가 여러 차례 경고하지 않았습니까? 어서 한국을 구하시오"라고 말했다. 이처럼 그는 미국의 지원과 참전을 얻어내기 위해 워싱턴과 동경으로 전화하며 전시외교를 펼쳤다.

그러나 북한군이 6월 27일, 서울 외곽까지 진출하고 주한 외국인들과 군사고문단이 철수하는 상황이 벌어지자, 이대통령은 27일 새벽 1시에 주미대사관에 전화를 걸어 "일이 맹랑하게 되어 가고 있다. 우리 국군이 용감히 싸우긴 하나 모자라는 것이 너무 많다. 즉각 장 대사를 모시고 트루먼을 만나 군사원조의 시급함을 설명하고 협조를 요청하라"고 다시 지시했다.

이에 장면 대사는 백악관으로 트루먼 대통령을 예방하고 이대통령의 뜻을 전달했다. 트루먼은 장면에게 "한국이 여러 가지로 고난을 당하고 있는 것을 잘 알고 있다. 우리도 독립전쟁 때 어려움을 겪고 있을 때, 프랑스의 라파예트 장군이 우리를 도와줬고, 1차대전 때 유럽이 독일의 침공을 받고 어려움에 처했을 때 미국이 도와준 적이 있다"며 위로했다.

그 당시 이대통령에게 가장 필요한 것은 미국의 참전이었다. 미국의 참전은 곧 유엔의 참전을 의미했기 때문이다. 이를 위해 그는 대미 외교에 매진했다. 그 결과 트루먼은 6월 29일 "북한군을 38도선 이북으로 격퇴하는데 필요한 모든 조치를 취하기를 원한다"라고 말하면서 미국의 참전의지와 전쟁정책을 밝혔다.

미국은 이러한 전쟁정책과 목표를 달성하기 위해 6월 25일과 27일 유엔 안전보장이사회의 결의안 채택에 따라 해·공군을 파병했고, 이어 6월 30일 지상군 파병을 결정했다. 그러나 문제가 남아 있었다. 비록 미국이 이대통령의 뜻대로 참전은 했으나, 미국의 정책은 전쟁이전 상태로 돌아가는 '38도선 회복'이었다. 미국은 한반도 통일까지는 생각하지 않고 있었다. 여기서 이대통령 특유의 기민성과 결단력이 나온다. 그는 미국이 참전하자 기다렸다는 듯이 남북통일에 걸림돌이 될 38도선 폐지론을 주장했다. 혹여 38도선이 북진통일에 장애가 되지 않을까 하는 우려에서다. 그는 이를 위해 트루먼 대통령에게 "북한 정권이 무력으로 38도선을 남침한 이상 더 이상 존속할 이유가 완전히 없어졌다. 따라서 전쟁 이전의 상태로 다시 돌아간다는 것은 도저히 있을 수 없는 일이다"며 38도선 돌파의 당위성을 피력했다.

이에 트루먼도 9월1일 기자회견 석상에서 "38도선 돌파는 유엔에 달려 있다"고 화답했다. 이는 미국이 전쟁 초기 '전쟁이전 상태로의 복귀'라는 최초목표에서 '38도선 돌파 및 한국통일'이라는 새로운 목표로 전환하되 유엔의 테두리 내에서 추진하겠다는 방침을 제시했다.

하지만, 이대통령은 여기서 그치지 않고 이를 계속 이슈화시켰다. 인천상륙작전이 성공한 뒤 이대통령은 통일의 의지를 다시 한 번 천명했다. 9월 20일 그는 인천상륙작전 경축대회에서 38도선 돌파를 주장하며, 압록강·두만강까지 밀고 올라가 북진통일을 이루겠다고 연설했다. 그에게는 오직 통일만이 존재했다.

그러나 인천상륙작전 후 중앙청에서 거행된 서울 환도식이 끝나고 나서 이대통령은 맥아더 장군에게 "지체 없이 북진을 해야 합니다"라고 하자, 맥아더 장군이 "유엔이 38도선 돌파 권한을 부여하지 않았다"며 반대했다. 이에 이대통령은 "유엔이 이 문제를 결정할 때까지 장군은 휘하부대를 데리고 기다릴 수가 있지만, 국군이 밀고 올라가는 것을 막을 사람은 아무도 없을 것이오…내가 명령을 내리지 않아도 우리 국군은 북진할 것입니다"며 38도선 돌파를 시사했다. 그리고 그는 즉시 행동으로 옮겼다. 그는 정일권 육군총장에게 북진명령을 하달했다. 이에 동해안에서 북진하던 국군 3사단 23연대가 10월 1일 마침내 이대통령의 북진명령을 받고 38도선을 돌파하게 됐다.

이후 한반도 통일을 지향하는 이대통령의 북진통일은 그의 전쟁목표로 정립돼 전쟁 동안 일관되게 추진됐다. 그는 이를 위해 국군 작전지휘권을 유엔군사령관에게 이양하며 미국 및 유엔에 적극적인 협조를 보냈다. 통일을 위해서라면 그는 무엇이든지 양보할 의사가 있었다. 그에게는 오로지 북진통일에 의한 남북통일만이 존재했다. 이대통령의 이와 같은 북진통일 의지는 38도선 폐지론, 국군 단독의 38도선 돌파명령, 압록강 및 두만강으로의 진격, 국군의 유엔군에서 탈퇴 및 국군 단독 북진 등으로 나타났다.

또한 이대통령은 전쟁을 수행하면서 하나의 원칙을 지켰다. 그것은 아무리 전황이 불리해도 망명정부와 일본의 한국전 개입에 대한 반대였다. 그 원칙은 단 한 번도 흔들리지 않았다. 전황이 불리해질 때마다 미국이 망명정부 내지는 정부의 제주도 이전을 입 밖에만 내도, 이대통령은 펄쩍 뛰었다. 한번은 무초 대사가 정부의 제주도 이전을 건의했다가 이대통령이 권총을 꺼내자 그는 기겁을 하며 다시는 이 말을 하지 않았다.

그는 일본에 대해서도 단호했다. 중공군 개입 이후 일본군 참전 문제가 나오자, "공산군에 앞서 먼저 일본군과 싸울 것이다"라고 말했다. 이처럼 그는 전시에 국익에 도움이 되는 일과 되지 않는 일을 가려서 국가이익에 도움이 되는 일이라면 어떠한 장애나 방해에도 구애받지 않고 이를 실천해 나가는 뚝심 있는 국가지도자였다.

특히 이대통령은 이 전쟁의 주체는 대한민국이라고 말했다. 그는 미국과 유엔은 우리나라를 도우러 왔지 전쟁의 결과에 대해서 한국을 제외한 채 그들이 한국문제를 좌우해서는 안 된다는 입장을 견지했다. 이러한 기준에 따라 그는 미국이 이에 합당한 행동을 하면 이를 지지했으나, 그렇지 못하면 신랄한 비판과 함께 이를 행동으로 보여줬다. 유엔에 대해서도 마찬가지였다. 그는 전쟁의 주체는 분명 한국이기 때문에 다른 나라는 절대로 간섭해서는 안 된다는 것이 이대통령의 지론이자 전쟁을 해결해 나가는 방식이었다. 그러한 연장선상에서 한국의 입장을 반영하지 않은 미국과 유엔의 휴전정책에 대한 강력한 항의 표시로 나온 것이 반공포로석방이었다. 이것은 국가이익에 바탕을 둔 이승만식 전쟁수행 방식이자 원칙이었다. 그가 그렇게 무리수를 두지 않았다면 한미상호방위조약 체결은 결코 달성될 수 없었다.

이대통령이 약소한 국가의 지도자로서 전쟁의 위기를 타개하기 위해 고뇌하는 모습은 우리에게 많은 것을 깨닫게 한다.

프란체스카 여사에 의하면, 그는 국가위기 때마다 한밤중에 침대에 엎드려, "하나님, 이 미련한 늙은이에게 보다 큰 능력을 허락하시어 고통 받는 내 민족을 올바로 이끌 수 있는 힘을 주소서!" 하며 기도했다고 한다. 그렇게 노심초사하며 살려낸 것이 오늘날 대한민국이다. 그런데 누가 있어 그의 진정한 애국심을 알기나 할런지.

그때 그 자리에 그가 없었다면 지금 대한민국의 운명은 어떻게 되었을까.

프란체스카 여사가 쓴
6·25 비망록

　전시 이승만 대통령의 영문 일기체 형식의 6·25전쟁 비망록은 프란체스카 여사에 의해 휴전이후 50년 뒤인 1983년 지상에 뒤늦게 공개되었다. 이 시기는 이승만 대통령이 서거한지 약 18년이 지난 시점이었다. 프란체스카 여사는 1965년 이승만 대통령 사후死後 오스트리아 친정집에서 있다가 뒤늦게 한국으로 돌아왔다. 이후 프란체스카 여사는 1983년 6월 24일부터 <중앙일보>에 비망록을 바탕으로 '6·25와 이승만 대통령' 이라는 제목의 글을 연재했다. 113회에 걸쳐 연재된 글은 절체절명의 위기상황에 대처하는 이승만 대통령의 확고한 의지가 생생하게 드러나는 등 그때까지 몰랐던 6·25에 관한 새로운 사실이 소개됨으로써 독자들의 큰 관심을 끌었다. 이번에 6·25한국전쟁 60주년을 맞아 당시의 글을 다시 정리하고 내용을 보완하여 도서출판 기파랑이 『6·25와 이승만』이란 이름의 책으로 펴냈다. 책의 주요 부분을 발췌해본다.

6월 25일

북한 공산군은 6월 25일 새벽 5시에 쳐들어왔다.(*국방부 전사에는 새벽 4시로 기록. 당시 언론에 보도된 내용에 의해 5시로 기록한 것으로 판단)

나는 이날 오전 9시에 어금니 치료를 받으러 치과로 갔고, 대통령은 아침식사를 끝내자 9시30분쯤 경회루로 낚시하러 나갔다. 10시쯤 신성모申性模 국방부장관(국무총리 서리겸임)이 허겁지겁 경무대로 들어와 "각하께 보고드릴 긴급사항이 있습니다"라고 했다.

두 분이 집무실에 마주앉은 게 오전 10시 30분. 이 자리에서 신 장관은 개성이 오전 9시에, 그러니까 내가 치과로 떠나던 그 시간에 이미 함락되었고 탱크를 앞세운 공산당은 춘천 근교에 도착했다고 보고했다.

대통령은 "탱크를 막을 길이 없을 텐데…"라며 입속말을 했고, 순간 얼굴엔 어떤 위험을 느끼는 듯한 불안의 빛이 스치고 있었다. 시내에는 '우리 아이들' (대통령과 나는 군인들을 꼭 우리 아이들Our boys이라고 불렀다)을 태운 트럭이 북쪽을 향해 달리고 있었고, 시민들은 영문도 모른 채 "이제 38선이 깨진 모양이니 이북 땅도 되찾겠지"라며 이들에게 격려의 박수를 보냈다.

경무대 안 분위기도 사태의 심각성을 모르는 것 같았다. "그 자식들 장난치다 그만두겠지"라는 식으로 생각하고 있었다. 신 국방까지도 대통령에게 "크게 걱정하실 것 없습니다"라는 말을 되풀이했다. 그러나 경찰정보는 '상황이 심각하고 위급' 하다는 것이었다. 대통령은 고재봉 비서관을 불러 정보보고를 확인했다. 고 비서관의 보고 역시 "예상 밖으로 적군의 힘이 강해 위험하다"라는 것이었다. 대통령은 잠을 잊은 채 자정을 넘겼다. 침통한 모습에 나는 그때까지 한마디도 말을 건넬 수가 없었다.

26일 새벽 3시

대통령이 도쿄東京의 맥아더 사령관에게 전화를 걸었다. 전속부관이 전화를 받았다. 그는 장군을 깨울 수 없으니 나중에 걸겠다고 대답했다. 대통령은 벌컥 화를 내며 "한국에 있는 미국시민이 한 사람씩 죽어갈 터이니 장군을 잘 재우시오"라고 고함쳤다. 나는 너무나 놀라 수화기를 가로막았다.

대통령은 "마미, 우리 국민이 맨손으로 죽어 가는데 사령관을 안 깨우다니 말이나 되는 소리요!"라며 몸을 떨었다. 상대편도 미국 국민이 한 사람씩 죽을 것이라는 말에 정신이 들었는지 "각하, 잠깐 기다려 주십시오" 하더니 맥아더 사령관을 깨우겠다고 했다.

맥아더 사령관이 전화를 바꾸자 대통령은 "오늘 이 사태가 벌어진 것은 누구의 책임이오? 당신 나라에서 좀 더 관심과 성의를 가졌다면 이런 사태까지는 이르지 않았을 것이오. 우리가 여러 차례 경고하지 않습디까. 어서 한국을 구하시오"라며 무섭게 항의했다.

대통령은 조종사 10명을 보내 단기훈련을 받고나서 무스탕을 몰고 오게 하겠다며 전화를 끊었다. 맥아더 사령관과의 통화가 끝나자 워싱턴의 장면張勉 대사를 불렀다.

"장 대사! 트루먼 대통령을 즉시 만나 이렇게 전하시오. 적은 우리 문전에 와 있다고. 미 의회가 승인하고 트루먼 대통령이 결재한 2천만 달러 무기지원은 어떻게 된 것이오?" 대통령의 목소리는 흥분으로 계속 떨고 있었다. 군부지도자들은 2, 3일 안에 원조가 오면 서울을 지킬 수 있다고 대통령에게 보고했다.

"젠장, 비행기가 없으니 탱크를 막을 수가 있나?" 대통령은 안절부절못하고 뒷짐을 진 채 방안을 맴돌았다.

6월 27일

숨 막힐 듯한 긴장과 긴박감 속에 하루가 지났다. 대통령이나 나나 자정을 넘겨 막 잠자리에서 눈을 붙였을 때 비서의 다급한 노크 소리가 들려왔다. 머리맡의 시계는 27일 새벽 2시를 가리키고 있었다. 신성모 국방장관이었다. 불길한 예감이 뇌리를 스쳤다. 이어 서울시장 이기붕李起鵬 씨와 조병옥趙炳玉 씨가 들어왔다.

"각하, 서울을 떠나셔야겠습니다."

신 장관이 간곡히 남하를 권유했다.

"안 돼! 서울을 사수해! 나는 떠날 수 없어!" 대통령은 그 이상 아무 말도 않고 문을 쾅 닫으며 방으로 들어갔다.

7월 1일 오전 3시

아직 어둠은 걷히지 않았다. 황규면 비서가 대통령을 깨웠다. 공산군 탱크가 이미 수원을 지나 빠른 속도로 남진하고 있다는 긴급 보고였다. 보고를 받고 난지 20분쯤 뒤, 미대사관 1등서기관 해럴드 노블이 관저로 달려와 대전 이남으로 옮겨야 된다고 대통령을 설득했다. 신 국방장관과 정일권 장군도 이내 도착했다. 하나같이 침통한 표정들이었다.

대통령은 차라리 대전에서 죽는 게 낫지 더 이상 남쪽으로 내려가 경멸을 당하지는 않겠다며 대전 사수를 고집했다. 침실로 들어가 문을 걸어 잠근 대통령은 책상 위에 두 손을 올리고 기도하는 자세였다. 그의 얼굴은 불행한 국민들에 대한 연민의 정과, 잇단 패전에 대한 분노가 드리워져 있었다. 그러나 그에게는 당장 상황을 뒤바꿀 어떤 대책이 있을 수도 없었다.

대통령은 노트를 꺼내 내게 건네주며 메모를 부탁했다. 나는 조용히 그가 부르는 대로 받아 적었다. "죽음이 결코 두려운 것은 아니다. 다만 어떻게 죽느냐가 문제다. 나는 자유와 민주제단에 생명을 바치려니와 나의 존경하는 민주국민들도 끝까지 싸워 남북통일을 이룩해야 할 것이다. 다만 후사 없이 죽는 게 선영에 죄지은 불효자일 뿐이다."

7월 22일

피난생활도 어느덧 한 달이 다가온다. 이곳 대구에서 누구보다 고생하는 사람은 조 지사부인이다. 대통령 부부를 비롯해서 수많은 사람들이 부인의 신세를 지고 있다. 대통령임시관저에는 항상 70여 명의 고정된 식구가 북적거렸다. 이 모두가 조 지사 부인의 일거리다. 우리 부부, 각료, 국회의원 비서관, 경호경찰, 수시로 드나드는 군 장성, 미 대사관 직원들, 그리고 가족들과 헤어져 이곳에 내려온 정부관리들 모두가 조 지사 관저의 식객들이었다. 부인은 가정부 2명을 데리고 임시경무대의 살림을 꾸려나갔다. 밥 짓는 일에서 빨래까지 그만한 중노동도 없었다.

피난길엔 너나없이 단벌신사들이었다. 장관이고 국회의원이고 고위관리고 간에, 양복이나 와이셔츠를 아끼려고 지사관저에 들어오면 팬츠만 입고 웃옷은 옷걸이에 모셔놓았다. 그러다가 회의가 있거나 외국손님이 올 때면 옷을 챙겨 입고 나타나곤 했다. 당시 지사관저에는 헬렌 김金活蘭이나 임영신任永信박사 같은 여류인사들도 무시로 드나들었지만, 각료들의 팬츠차림이 하나도 부끄럽지 않았다.

대통령과 나는 온몸에 땀띠를 뒤집어썼다. 대통령의 잔등은 모기에 물린 곳까지 겹쳐 보기에 딱할 정도였다. 워낙 물이 부족하여 밤이면 물 한 대야를 떠다가 수건에 적셔 대통령의 땀을 닦았지만 땀띠는 점점 심해져 진물까지 흘렀다.

나는 워커 장군에게 땀띠연고를 구할 수 있겠느냐고 물어보았다. 무초 대사나 워커 장군, 그리고 우리 집에 드나드는 미국인들은 나를 보면 "마담 리, 도와드릴 일이 없습니까? 필요한 것이 있으면 언제라도 알려주세요."라고 말하곤 했다. 그렇지만 대통령은 그들에게 사사로운 부탁은 일체 못하도록 나에게까지 엄명을 내리고 있었다. 나는 참다못해 워커 장군에게 땀띠약을 부탁한 것이다.

장군은 땀띠연고 외에도 다른 상비약과 영양제를 한 박스 보내왔다. 그런데 내가 부엌일을 보러 잠시 들어간 사이에 약상자가 대통령의 눈에 띄고 말았다.

대통령은 나에겐 한마디 의논도 없이 아침 보고를 하러 들어온 신성모 국방장관에게 "일선의 우리 아이들에게 갖다 주라"며 약상자를 맡겨버렸다.

약상자뿐만 아니라 친정에서 보내온 비타민까지 몽땅 합쳐 주어버린 것이다. 내가 부엌에서 나올 때 신 장관이 막 약상자를 들고 밖으로 나가려는 참이었다. 너무나 안타까워 말도 못한 채 땀띠연고 하나만 빼놓으라는 사인을 신 장관에게 보냈다. 장관은 알았다는 듯 슬쩍 한 개를 빼돌리려 했다.

그때 뒷머리가 따갑다는 느낌에 고개를 돌리자 대통령이 무서운 눈으로 우리 두 사람을 노려보고 서있었다. 나는 무안해서 어쩔 줄을 몰랐고, 장관도 멀쑥한 표정으로 냉큼 나가버렸다. 평소에도 남에게 무엇을 줄 때는 나에게 물어보는 법이 없는 대통령이었다. 그런 성격에 자신의 땀띠를 치료하겠다고 얻어온 약을 전선에 보내면서 내 의사를 물어볼 분이 아니었다.

8월 14일

어제 오후 콜터 장군이 무초 대사, 드럼라이트 1등 서기관과 함께 찾아왔다. 콜터 장군은 이 자리에서 대통령의 편지에 대한 답신으로, 맥아더 사령관이 자신에게 "1천 명의 한국 병사들에게 유엔군 휘장이 있는 군복을 입히고, 미군과 함께 먹고 잘 수 있도록 조치하라"는 명령을 내렸다고 밝혔다.(지금까지는 한국군과 미군이 어깨를 나란히 하고 함께 행동했더라도, 양국군이 먹는 음식은 달랐다.)

콜터 장군은 사흘 이내에 3천 명의 한국인 병력이 필요하다고 말했다. 동석했던 국방장관은 그 같은 목적을 위해선 18세 전후의 한국 학도병들이 가장 적합할 것이라는 의견을 제시했다.

학도병들은 약간의 영어를 할 수도 있고, 또 배우는 속도가 훨씬 빠를 것이라는 이점 때문이었다. 게다가 현재 매일 1천 명의 학도병이 징모되고 있는 터였다.

무초 대사는 대구가 적의 공격권에 들어가자 정부를 제주도로 옮길 것을 건의했다. 그의 주장은 그곳이 적의 공격으로부터 멀리 떨어져있고, 최악의 경우 남한 전체가 공산군에 점령된다 해도 망명정부를 지속시켜나갈 수 있기 때문이라고 설명했다.

무초가 한참 열을 올려 이야기하고 있을 때, 대통령이 허리에 차고 있던 모젤권총을 꺼내들었다. 순간 무초는 입이 굳어져버렸고 얼굴색이 하얗게 질렸다.

나도 깜짝 놀랐다. 미국에서 살 때 고속순찰 오토바이를 따돌리고 과속으로 달릴 때 가슴이 떨린 이후 그렇게 놀란 적이 없었다.

대통령은 권총을 아래위로 흔들면서 "이 총으로 공산당이 내 앞까지 왔을 때 내 처를 쏘고, 적을 죽이고 나머지 한 알로 나를 쏠 것이오. 우리는 정부를 한반도 밖으로 옮길 생각이 없소. 모두 총궐기하여 싸울 것이오. 결코 도망가지 않겠소"라고 단호히 말했다.

대통령이 권총으로 어쩔 것은 아니었지만, 긴장한 무초 대사는 더 이상 아무 말을 못하고 혼비백산하여 돌아갔다.

8월 20일

오후 7시, 우리는 헤스 소령, 노블 참사관, 김 장군, 김 대위 등과 함께 저녁식사를 했다. 6월말 경무대를 떠나온 뒤 처음으로 나는 우리 집 부엌 같은 기분이 드는 진해별장 부엌에서 저녁식사를 마련했다. 전처럼 양념이 고루 갖추어져 있는 것은 아니었지만 양파, 풋고추, 감자를 듬뿍 넣고 그럴듯하게 닭찜을 흉내 내고, 상치로 겉절이를 만들어 식탁을 차렸다.

오랜만에 요리를 만들 기회를 맞은 양 노인도 신이 났다. 대통령이 양 노인을 데리고 다니는 데는 꼭 요리를 만들도록 하기 위해서가 아니라, 두 노인네 사이에 사연이 있어서였다.

나이는 대통령보다 몇 살 아래였다. 일찍이 자식 하나를 두고 상처한 뒤 자식마저 살림을 차리자 사고무친이 되고 말았다. 대통령은 늘 이 외로운 양씨를 감싸 돌았고, 서울서 피난 올 때도 가정부 대신 양 노인을 데리고 왔다. 그는 얼굴 생김이나 풍채, 희끗희끗한 헤어스타일이 너무도 대통령을 닮았다.

이런 해프닝이 있었다. 대구 임시관저에 있을 때 두어 번 미8군에서 냉동고기류와 빵을 보내온 일이 있었다.

또 시민들은 대통령이 들도록 감자, 옥수수, 계란, 닭 등을 지게에 지고 와 두고 가는 적도 있었다.

대통령은 이런 음식이 생기면 몽땅 전방이나 후방 훈련소의 우리 아이들에게 갖다 주도록 했다. 날씨가 더워 고기나 빵 같은 것은 하루만 지나면 상하는 시절이었다. 대통령이 양 씨를 불렀다.

"자네 나하고 같이 부산 훈련소에 다녀오지. 저 음식들을 갖고 가서 자네 솜씨로 맛있는 요리를 만들어 우리 아이들에게 나누어주게. 음식이 빨리 상하니 비행기로 가지."

부산 신병훈련소에서는 대통령이 직접 와서 특식을 제공한다는 연락을 받고 군악대까지 대기시켰다. 비행기 문이 열리고 양 씨가 음식을 먼저 챙기기 위해 트랩을 내려섰다. 군악대가 대통령 환영 연주를 시작했다. 언뜻 보아 양 씨는 틀림없는 대통령이었기 때문이다. 당황한 것은 양 씨였다.

그는 '나는 대통령이 아니다' 라는 뜻으로 두 손을 내저었다.

군악대는 대통령이 환영에 답하는 줄 알고 더 신이 나서 나팔을 불어댔다. 이 해프닝이 있고난 뒤 대통령은 양 씨를 보면 "자네는 음식 대통령 하게. 앞으로 내 시찰 때는 함께 가서 우리 아이들 음식을 만들어주지." 하며 꼭 수행토록 했다.

9월 12일

아침에 손원일 해군참모총장이 대통령에게 작별인사를 하러왔다. 3천 해병을 이끌고 정오에 배로 떠난다고 했다.

울산 쪽 동해안에 12척의 큰 함정들이 대기 중이라는 것이다. 한 달 쯤 전 대구에서 일본으로 훈련 차 떠났던 8천 명의 한국군 장병들도 이번에 돌아와 미군과 함께 상륙작전을 벌이러 간다고 한다. 상륙지점은 목포라는 말도 있다.

저녁 무렵 대구에서 국방장관이 와 대통령에게 청도에 있는 피난민촌을 방문하도록 권했다.

대구와 부산 사이 중간쯤에 있는데 기차를 타고 3시간, 다시 지프로 45분 걸리는 곳이다. 신장관은 또 총공격이 계획됐으나 일본을 덮친 태풍 때문에 연기해야 될듯하다고 보고했다.

밤새 바람이 미친 듯 불어댔다. 도대체 어찌될 것인가. 바람 불거나 비 오는 날이면 공군기들이 적을 공격할 수가 없다.

9월 16일

오전 9시를 기해 모든 전선에서 총공격이 시작됐다. 날씨가 또 궂다. 가신 줄 알았던 태풍이 다시 횡포를 부린다. 어제 하오 맥아더 장군이 인천 상륙에 성공했다고 한다. 공식발표나 보고는 아직 들어오지 않았다.

SCAP(연합군최고사령부) 방송을 들어서 알뿐이다. 인천작전은 해군과 해병대가 주도하고 있기 때문에 워커 장군은 아무것도 모른다고 한다. 비행기로 지원 폭격도 하지 않는다. 우리가 생각하기엔 좀 이상하지만, 그게 미 육군과 해군이 이곳에서 작전하는 방식이다.

9월 22일

노블 참사관이 아침 일찍 와서 서울시장과 인천시장이 환도 선발대로 김포로 떠난다고 알려줬다.

또 맥아더 장군이 어제 도쿄로 돌아갔다는 방송보도도 전했다. 그렇다면 토요일이나 일요일 이전에는 서울에 갈 수 없다는 뜻이다.

점심은 윌리엄 박사와 신성모 국방이 함께했다. 윌리엄 박사는 도지사 집에서 기거하지만 식사는 우리에게 와서 한다. 도지사는 지난 20일 윌리엄 박사를 환영하는 시민대회를 열었다. 꽤 많은 사람들이 모여들어 박사는 흐뭇해했다.

이 대회에서 대통령은 한 시간도 넘게 연설을 했다. 대통령은 신 국방장관에게 서울 중앙청만은 꼭 우리 국군이 먼저 탈환하여 태극기를 꽂도록 하라고 지시했다.

9월 23일

어제 대통령은 중앙청 출입기자단과 사변 이후 처음 회견을 가졌다. 서울탈환을 앞둔 소감을 대통령에게 질문했다. 대통령이 다음과 같은 요지로 답변했다.

"처음에는 무기가 없어 곤란을 당했으나 이제 서울탈환을 목전에 두게 되니 감개무량하다. 언제나 민주진영은 끝에 가서 승리한다. 그동안 동포들이 화를 당하고, 더욱이 날씨가 추워짐에 따라 전재민의 어려운 상황을 생각하니 가슴 아프다. 하루바삐 서울을 탈환하고 정부가 들어가면 앞으로 더욱 우리가 할 일이 많다."

9월 29일 오전 8시

우리는 부산수영비행장에 도착하여 환송 나온 사람들과 인사를 나눈 뒤 대통령은 비행기에 탑승했다. 조봉암 국회부의장과 김병로金炳魯 대법원장도 함께 탔다. 한 시간 반 이상의 비행 후에 우리는 인천 앞바다에 줄지어 있는 전함들을 볼 수 있었다.

대통령은 시종 말없이 아래를 내려다보고 있었다. 도시의 여러 군데가 파괴된 것이 시야에 들어왔다. 건물들은 앙상하게 파괴되었고 여기저기 포탄에 맞은 자취가 드러나 보였다. 대통령은 침통한 표정이었다. 나는 뒤에 타고 있는 황 비서에게 맥아더 장군에게 수여할 훈장과 훈기를 확인시켰다.

김포비행장에 도착하니 많은 차들이 늘어서 있었다. 우리가 탈 차는 맥아더 장군이 마련해준 카키색 세단이라고 노블 박사가 가르쳐 주었다.

눈에 익은 몇몇 특파원과 기자들이 대통령의 서울 복귀를 취재하려고 기다리고 있었다. 맥아더 장군 곁에는 워커 장군, 아몬드 장군, 조이 장군 등이 서있었다.

대통령은 비행기트랩을 내린 다음 맥아더 장군과 악수를 나누며 감격적으로 껴안았다. 그 순간 나는 눈시울이 뜨거워지고 목이 메어 대통령 뒤에 가만히 서있었다. 이어 맥아더 장군이 미소를 지으며 다가와서 나에게 자기 부인의 안부 인사를 전했다.

맥아더 장군의 부인은 아주 매력 있는 주부이고, 남편의 지위 때문에 티를 내는 일이 없는 겸손한 아내였다.

우리는 만나자마자 금방 친숙해졌고 서로 마음이 잘 통했다. 전승국 최고사령관의 부인으로서 늘 검소했으며 사치나 낭비를 죄악으로 생각하는 절제 있고 조용한 내조자였다.

10월 15일

밀린 일기를 한꺼번에 쓰는 일은 정말 어렵다. 대통령은 나에게 한 줄이라도 좋으니 날마다 간단하게 기록하라고 당부했다. 어제는 김광섭 비서가 연락도 없이 늦게 왔다.

대통령은 그에게 시킬 일이 많이 있어서 아침부터 김 비서를 기다렸다. 대통령은 시간을 잘 지켜야만 문화인이라고 누구에게나 가르쳐 왔으며, 시간을 안 지키는 사람을 좋아하지 않는다. 김 비서는 시인이기 때문에 문인기질이 있어서 자유분방한 면이 있지만, 나와는 달리 대통령은 항상 그를 감싸준다.

김 비서가 조용히 문을 열고 들어서자 남의 잘못을 예민하게 알아차리는 너그럽지 못한 성미 탓에 나는 부석해진 김 비서의 얼굴과 술 냄새로 "또 술 마시고 늦었구나" 하고 바로 직감했다.

대통령도 기분이 좋지 않은 음성으로 늦게 온 이유를 김 비서에게 물어보았다. 김 비서는 납북됐거나 죽은 줄로만 알았던 친구들을 만나 밤새껏 막걸리를 마셨다고 실토했다.

이 말에 화가 풀린 대통령은 "절친한 친구들이 안 끌려가고 용케도 살아남아 있었으니 반가웠겠구먼. 그래 별다른 소식들은 없었나?" 하고 물었다.

김 비서는 많은 문인들이 적 치하에서 온갖 고생을 다 견뎌냈으며, 현재 확인한 바로는 박종화朴鍾和, 김동리金東里, 유치진柳致眞, 방기환方基煥, 오종식吳宗植, 양주동梁柱東씨 등이 무사하다고 보고해서 대통령이 무척 기뻐했다.

10월 19일

드디어 자랑스러운 우리 애들이 미군보다 앞서 평양에 입성했다고 신성모 국방장관과 정일권 참모총장이 보고해왔다. 대통령이 "됐어, 됐어"하며 저토록 기뻐하는 모습을 보니 나도 모르게 눈물이 솟구쳤다.

대통령은 빠른 시일 안에 평양을 직접 방문하여 시민들과 기쁨을 함께 나누겠다고 말했다. 오늘은 온통 축제분위기다.

엊저녁부터 계속 타이프를 쳤더니 손끝이 화끈거린다.

저녁에는 무초 대사 축하만찬과 함께 평양입성 축하까지 겹쳐 기쁨에 넘치는 훈훈한 분위기 속에서 대통령도 시종 무초대사와 다정한 모습을 보여주었다.

다만 워커 장군이 샐러리와 당근 곁에 있는 조그만 유리그릇에 담아놓은 초고추장을 야채와 함께 찍어먹고 매워서 어쩔 줄을 모르는 모습을 보니 미안한 생각이 들었다.

마요네즈 소스를 곁들여 놓았는데도 대통령과 무초 대사가 찍어먹는 것을 보고 워커 장군도 토마토케첩으로 알고 먹었는지 저토록 혼나는 모양이다.

10월 30일

대통령이 평양을 무사히 다녀와 하나님께 감사드린다. 대통령은 이날 오전 7시 반 경무대를 출발하여 8시 35분 여의도 비행장을 이륙, 평양으로 향했다.

신성모 국방장관, 김광섭 비서, 김장흥 총경, 이선근 대령 등이 수행했으며, 공군의 김정렬金貞烈장군이 경호비행을 했다. 동행하지 못한 나는 대통령이 돌아올 때까지 마음을 죄며 기다렸다.

바로 열흘 전까지 평양은 우리의 적인 공산당들의 아성이었기 때문에 나는 대통령의 안위가 몹시 염려되었다. 태극기를 든 평양시민들이 만세를 부르며 대통령을 열렬히 환영했다고 한다. 연설을 마친 대통령이 군중 속으로 들어가서 수많은 시민들과 악수하며 껴안고 등을 두드리는 바람에 수행했던 사람들과 정일권 장군이 무척 애쓰고 혼이 난 모양이었다.

11월 28일

맥아더 장군이 워싱턴에 전문을 보냈다.

'본 사령부는 능력범위 내에서 인간적으로 가능한 모든 것을 다하였으나 지금은 그 통제와 힘이 미치지 못하는 사태에 직면해 있음.'

트루먼 대통령은 국가안보회의 특별회합을 소집했다. 이 회합에서 애치슨 장관은 '전쟁을 종식시키기 위해서 어떤 다른 방법을 찾아야할 것'이라고 자기의 견해를 밝혔다.

트루먼 대통령은 11월 30일 기자단과의 주례회견 석상에서 "필요한 단계에는 중공군에 원자폭탄을 사용하기 위한 모든 적극적인 고려를 하도록 명하였다"고 밝혔다. 그는 이어서 3차 세계대전은 피할 수 있을 것이라고 말했다.

트루먼 대통령은 또 "원자탄 투하 여부의 결정을 현지 사령관의 재량에 맡겼다"고 한 뒤 "유엔군이 한국 국경을 넘어갈 것이냐?"는 질문에 대해 "그 문제는 유엔이 결정할 것이다."고 답변했다.

그러나 워싱턴으로 달려온 영국수상 애틀리와의 회담 뒤에 트루먼은 원자탄은 사용되지 않을 것이며, 동맹국과의 사전협의 없이는 미국이 결코 원자탄을 사용하지 않을 것임을 밝히는 성명을 발표했다.

12월 24일

내일이 크리스마스여서 우리는 예배를 보러 오전 11시 정동교회로 갔다. 성탄절을 맞는 예배당 안에는 아무런 장식도 없이 너무나 쓸쓸하고 황량하며 난롯불 하나 없이 썰렁했다. 손발이 꽁꽁 얼어 감각이 없어질 만큼 추운 이 넓은 예배당 안에는 손으로 꼽아 약 20명의 교인이 모여 있었다. 목회를 인도할 목사가 없어서 평신도 한사람이 예배순서를 진행하고 있었다.

그 신도의 설교는 매우 감동적이었다. 교인들이나 대통령은 함께 예배를 보게 되어 모두 기뻐하였다. 그 신도는 성경의 마태복음 10장 29절을 봉독했는데, 사람들이 모두 울었다. 대통령은 그 사람들에게 하나님이 우리를 지켜주시니 아무리 강한 적이 쳐들어와도 기어이 물리칠 수 있다는 믿음을 갖도록 격려했다. 이 예배는 지금껏 우리가 참석해온 예배 중 가장 감명 깊게 기억에 새겨질 만큼 감동적이었다.

1월1일 오후 11시 15분

여비서 미시즈 강이 침실 문을 노크하며 조병옥 내무장관이 대통령을 뵙고자 한다고 말했다. 이미 조 박사는 대통령 집무실에 와있었다.

대통령은 급히 옷을 입고 집무실로 내려갔으며, 나도 그 뒤를 따랐다. 조 내무는 적군이 유엔군의 방어선을 돌파하여 우리 측이 후퇴중이라고 보고했다. 경찰은 의정부를 철수하라는 지시를 받았으며, 시민들은 이미 미아리를 떠나고 있다고 했다.

조 내무는 대통령에게 다음날 아침, 즉 화요일 오전 6시에 경무대를 떠나도록 권고했다. 그는 챔프니 대령에게 대통령을 위한 비행기를 준비시키겠다고 했다.

　대통령은 우리가 먼저 서울을 철수해서는 안 된다면서, 국방장관과 리지웨이 장군 또는 무초 대사의 이야기를 들어볼 때까지는 서울을 떠나지 않겠다고 말하였다. 그들은 대통령에게 서울을 떠나도록 충고해올 것임이 틀림없었다.

1월 3일

　오전 9시에 서울비행장 활주로를 이륙할 비행기를 타려면 8시 30분에 경무대를 출발해야했다. 그러나 대통령은 떠나고 싶어 하지 않았다.

　대통령은 시간을 지연시키려고 괜히 이 일저 일을 하려고 했다. 나는 슬픈 감정을 억제하며 눈물을 감추느라 애쓰면서 비통한 기색을 보이지 않으려고 무척 노력했다. 차마 떨어지지 않는 발걸음을 옮겨 대통령과 나는 경무대를 떠났다.

　우리는 한사람의 비서(황규면 씨)와 양 노인과 고용원 여자 한 사람을 데리고 떠났다. 그 이외의 직원들은 이미 각자가 가족들을 데리고 기차나 배로 떠나도록 했었다. 그들 대부분은 벌써 1주일 전에 정부의 모든 공무원들이 가족들과 함께 철수할 때 떠나가도록 조치를 했었다.

　평양에서 철수할 때 군대에서 수송해오기 힘든 양식을 소각했다는 보고를 받은 대통령은 이기붕 서울시장에게 모든 쌀과 양식을 한 톨도 태워서는 안 된다는 명령을 내렸다.

　그 대신 양식을 전부 피난하지 못하고 남아야하는 사람들에게 남김없이 나누어주도록 지시했다.

2월 2일

유엔총회가 영국과 인도의 반대에도 불구하고 찬성44, 기권9, 반대7표로 중공을 침략자로 규정하는 결의안을 통과시켰다는 소식이다. 이 결의안에 반대한 나라는 미얀마, 인도, 그리고 소련불록의 다섯 나라를 합하여 모두 7개국이다.

이 결의안은 "중공군대와 국민들의 적대행위를 중지시키고 한국에서 철수하라"는 것이며, "유엔은 침략에 대항하기 위해 한국에서의 군사행동을 계속한다"는 것으로 유엔회원국으로 하여금 한국에 계속 모든 지원을 해줄 것을 요구했다한다.

오전 10시에 대구를 떠나 부산으로 왔다. 무초 대사가 비행장에서 우리를 전송하였다. 2시에 각료회의가 있었으며, 드디어 장면 씨가 총리직을 수락했다.

2월 3일

우리는 낮 12시에 스트러블 해군소장의 점심초대를 받아 부산에서 6마일 밖 해상에 정박하고 있는 미국 항공모함 미주리호로 떠났다.

어찌나 풍랑이 일고 파도가 높았던지 미주리호의 상륙 발판까지 우리를 태우고 간 모터보트가 앞으로 밀리고 뒤로 밀렸다. 나는 뾰족구두를 신고 뛰어넘다가 넘어지거나 신발을 빠뜨릴까봐 아예 구두를 벗어들고 맨발로 가볍게 뛰어내렸다.

스트러블 제독이 우리에게 배를 구경시켜주었다. 특히 일본인들이 항복문서에 서명했던 장소로 갔을 때는 감회가 깊었다. 항일독립투쟁에 평생을 바쳐온 대통령을 남달리 존경하는 스트러블 제독은 정성을 다해 우리를 영접해주었다.

이 항공모함은 승무원이 2천 3백 명이나 되는 참으로 커다란 배였는데,

승무원들은 예장을 갖추고 일렬로 서 있었다. 대통령이 의장대를 사열했다.

사열식이 끝난 다음 스트러블 제독은 우리를 식당으로 안내하였다. 식당은 칸막이는 없었는데, 두 군데로 나누어져 있었다. 식탁은 2개가 마련되어 있었다.

2월 15일

아군이 적에게 포위당한 채 사흘 동안이나 필사적으로 싸웠던 지평리의 처절한 싸움터에서 공산군들은 마침내 후퇴하기 시작했다고 맥아더 사령부에서 알려왔다.

맥아더 장군은 대통령에게 만주에 대규모 폭격을 가해 북한 북쪽에 있는 적의 후방기지를 섬멸하여 다시는 공산도배들이 힘을 못 쓰게 만들겠다고 장담했다.

대통령은 "국가를 통일하고 우리의 영토를 압록강과 두만강까지 완전히 회복하여, 한반도 안 어디나 분단된 곳이 없도록 한다."는 전쟁목표를 뚜렷이 밝힌 각서를 장면 국무총리에게 주었다.

그리고 이 각서를 워싱턴의 우리 대사관에서 활용할 수 있도록 사본을 만들게 해 자신이 급히 쓴 편지와 함께 외교행낭 편으로 보냈다.

이 서한에서 대통령은 우리나라의 완전통일 이외에는 어떤 것도 수락할 수 없다는 입장을 천명하였다.

독립운동 중 가장 힘든 고비였던 1941년, 대통령의 『일본 내막기』의 원고를 세 차례나 타자했을 때도, 손끝이 부르트고 눈이 짓무른 경험이 있다.

당시 대통령은 나를 워싱턴의 포토맥 강변으로 데리고 가 '아리랑' 노래를 부르며 위로해 주었었다.

"아리랑 아리랑 아라리요. 아리랑 고개를 넘어간다.
청천하늘엔 별들도 많고, 우리네 가슴속엔 시름도 많다.
아리랑 아리랑 아라리요. 아리랑 고개를 넘어간다.
오다가다 만난 '님'이지만 살아서나 죽어서나 못 잊겠네."

끝 구절은 대통령이 나를 위해 지어서 넣은 가사다. 이 노래가 떠오를 때는 나도 모르게 눈물이 난다.

| 웅변가, 선동가, 철야농성 투쟁 |

'운동권 청년' 이승만, 고종을 굴복시키다

인보길 정리 |〈뉴데일리〉 발행인|

배재학당 시절 시작된 이승만의 연설은 독립협회의 주역이 되면서 진가를 발휘했다.

1894년 청일전쟁, 1895년 10월 일본의 민비 살해(을미사변), 1896년 2월 고종의 러시아 공관 피신(아관파천), 명성황후의 원수를 갚으려는 쿠데타 실패로 황해도 피신, 서재필의 독립협회 결성과 이승만의 활약… 갈수록 그는 격동기의 젊은 지도자로 변신해 갔다. '독립협회'의 개혁운동에 분노한 고종이 서재필을 미국으로 추방하고, 이승만이 창간한 민간최초 일간지 <매일신문>도 문을 닫아야했을 때, 남은 것은 '대중 연설' 뿐이었다.

1898년 11월 5일, 수구세력의 음모에 갇혀있는 고종은 독립협회 간부 17명을 일제 검거해버렸다. 군주제를 폐지하고 공화정을 도입하려 한다는 혐의라며 '역적 처단' 포고문이 나붙던 날, 이승만은 아펜젤러 집으로 달려갔다. 숨어있던 3대회장 윤치호와 회원들이 함께 피신하자는 권유를 뿌리친 이승만은 경무청으로 직행하였다. 그를 따르는 군중은 수천 명이 되었다.

"독립지사들을 전원 즉각 석방하라, 국왕이 약속한 개혁을 실천하라."
그 순간부터 이승만은 경무청장 집무실 앞에서 최초의 서양식 연좌농성에 돌입한다.

아버지 이경선은 6대독자 죽는다며 눈물로 만류했고 아펜젤라 등 많은 선교사들도 찾아왔지만 이승만은 요지부동이었다.

군중 속에는 각종 소문이 난무했다. 국왕이 시위대 사살명령을 내렸다더라, 고종이 이승만에게 고위직을 제의했고 뇌물까지 주었다는 등 뜬소문과 함께 실제로 왕실 측근들이 찾아와 회유공작을 펴기도 했다.

날마다 이승만은 쉴 새 없이 연설을 계속했다. 밤이면 모닥불을 피워 놓고 요구가 관철될 때까지 절대로 시위대가 흩어지지 말라고 외쳤다.

"뭉치면 살고 흩어지면 죽는다!" 이 유명한 말, 그로부터 48년 후 미국 망명서 돌아와 해방조국 민중들에게 귀국 제일성으로 외쳐야 될 줄을 그는 알았을까.

추위와 배고픔과 졸음에 시달리는 데모대 앞에 군악대를 앞세운 군부대가 나타났다. 연설하던 이승만은 군악대에 돌진하였다. "돌아가라, 돌아가라" 발길로 대원들을 걷어차며 밀어 붙였다. 행진은 중단되고 군인들은 되돌아섰다. 이튿날 신문에 이승만은 '싸움패'로 기사화 되었다. 견디다 못한 고종은 5일 만에 구금된 독립협회 지도자 17명을 석방하였다.

이날 밤을 이승만은 이렇게 기록했다. "드디어 17명이 석방되었는데 나는 참으로 득의 충천하였다. 민주주의를 향한 위대한 승리가 달성된 것이었다." (영문〈자서전 개요〉)

1차 목표 쟁취에 한껏 고조된 이승만은 2차 투쟁에 돌입하여 인화문(仁化門: 철거된 덕수궁 정문) 앞에서 농성을 계속한다. '헌의육조(獻議六條)에 명시된 개혁을 실천하라'는 것, 헌의육조는 8월에 독립협회가 고종에게 제시하여 약속 받았던 왕정개혁안이다.

고종은 개혁파 민영환을 불러 소요사태를 무마하라고 지시했다. 그래도 이승만은 완강했다.

"또 속지는 않겠다. 행동으로 보여라. 여러분, 절대 해산하면 안 됩니다. 뭉치면 살고 흩어지면 죽습니다." 무마책에 동요하는 군중 앞에서 이승만은 움직이지 않았다.

만민공동회 회원들을 이끌고 밤낮으로 시위를 멈추지 않는 이승만의 결의 앞에서 급기야 친러시아 수구파는 '황국협회' 보부상들을 동원, 습격작전을 짰다. 11월 21일 아침, 왕궁 앞의 정동광장 통나무에 올라 이승만이 열변을 토하고 있을때, 수구파 두목 길영수가 나타났다. 순간 걷잡을 수 없는 분노에 이승만은 그에게 달려들어 미친 듯이 걷어찼다. 이때 보부상 2천여 명이 무차별 공격하는 곤봉세례 속에서 이승만은 잡히고 말았다. 동료들은 안보이고 보부상들뿐, 그때 누군가 속삭임이 들렸다. "존경하는 이승만님, 빨리 빠져나가세요." "어떻게요?" " 빨리요...." 어떤 빛줄기 같은 영감이었다고 훗날 기억한다. 그 후 위기의 순간마다 그에게 속삭여주는 영감이 있다는 신념을 갖게 되었다고.

이승만은 뛰지 않았다. 대신 보부상 무리 속으로 파고들었다. 정신없이 군중을 헤집고 배재학당까지 걸었다. 거기에 친구 김원근이 뛰어들면서 "이승만이 길영수 놈에게 잡혀죽었다"고 엉엉 목 놓아 우는 것이었다. 신문들도 이승만이 길영수와 난투극을 벌이다 살해되었다고 보도했다.

그날 밤 군중을 다시 정돈한 이승만은 배재학당을 출발하여 종로로 진출했다.

연단에 오르자 함성이 올랐다. "이승만이 살아 왔다!!", "열혈 애국청년이다!"

시가전을 방불한 사흘간의 혈투에서 인망 높은 김덕구가 용산 근방에서 피살되었다.

　인산인해를 이룬 김덕구 장례식이 열리던 날, 폭동과 혁명이 두려운 고종은 손을 들었다.

　11월 26일, 돈화문 광장에 급히 차린 회견장에 독립협회와 황국협회 간부들이 모였다.

　궁을 나온 국왕은 양측 대표 윤치호와 길영수를 직접 호명하면서 정부 개혁을 다짐했다.

　독립협회의 부활, 수구파 대신 '5凶' 조병식 유기환 이기동 민종묵 김정근의 유배, 보부상의 해산, '헌의6조'와 '조칙 5조' 등의 실천, 그리고 시위주동자들을 절대로 구속하지 않겠다는 약속을 발표했다.

　고종은 초청된 외국 대사들과 사절단을 돌아보면서 "여러 외국 분들이 증인이 되어주시오"라는 요청까지 덧붙였다.

　개혁의 핵심은 독립협회의 건의대로 입법권을 갖는 '중추원中樞院'의 구성이었다. 양측 25명씩 50명의 대표 선출을 국왕이 직접 제안한 것-행동으로 보이라고 요구한 이승만의 대승리였다.

　11월 29일, 5천년 왕국 역사상 최초로 시도된 '원초적 국회Embryo National Assembly'에서 이승만은 의관으로 임명되었다. 종9품 벼슬, 이것은 왕족 이승만이 조선왕조로부터 받은 처음이자 마지막 벼슬이었다. 국회에서 개화파 박영효 내각구성을 강력 주창하여 박탈되기까지 꼭 35일간의 벼슬.

| 이승만은 통합주의자, 그 반대세력들 |

"공산주의든 민주주의든 하나로 뭉치자!"

양동안 | 한국학중앙연구원 명예교수 |

〈1〉

우리나라의 초대 대통령 이승만 박사를 비판하는 사람들은 이 박사를 민족을 분열시키고 국토를 분단시키는 데 앞장선 분열주의자라고 욕한다. 그러나 이승만 박사가 건국과정에서 실제로 한 행동을 추적해 보면 이 박사는 분열주의자가 아니라 시종일관 민족의 단합을 주장해온 통합주의자이다.

이 박사는 해방 후 미국으로부터 귀국한 다음 날인 1945년 10월 17일 저녁 자신의 귀국을 국민에게 알리는 방송 연설에서 다음과 같이 말했다.

"모든 정당과 당파를 협동하여 한 개의 덩어리를 만들어 가지고 우리 조선의 완전무결한 독립을 찾는다는 것이 나의 희망입니다. 지금 우리가 가진 기회는 전무하고 후무한 것입니다. 연합국 사람들이 한인들에게 한 번

기회를 주고보자는 것입니다. 우리들은 지금 모든 갈등과 사사관계를 다 없애버리고 강력한 정부의 수립으로 향하여 합력하면 다 잘 될 것을 내가 잘 압니다."

이 박사는 이후 인사차 자기를 찾아온 국내의 모든 정치인들에게 한결같이 "합동통일을 유일한 방법 수단으로 하여 자주독립의 조급한 실현을 도모할 것만이 우리에게 맡겨진 절대한 과제라는 것을 믿고 오직 이 길을 위하여 단합하는 전진이 있기만 바랄 뿐입니다"라고 거듭해서 당부했다.

이 박사의 이러한 당부에 자극받아 10월 23일 당시 국내에서 활동하는 모든 정당의 대표들이 모여서 조선독립촉성 중앙협의회 결성을 위한 준비 모임을 가졌다. 이 시기에 이 박사는 민족통합을 위해 공산당에 대해서도 포용적인 태도를 표명했다. 그는 독촉중협 결성 준비 모임에서 "공산주의든지 민주주의든지 서로서로 악수할 점이 있으면 지금은 무조건 악수하고 나갑시다"라고 말했다. 그 며칠 후에 행한 방송연설에서는 "나는 공산당에 대하여 호감을 가지고 있는 사람입니다. 그 주의에 대하여도 찬성하므로 우리나라의 경제대책을 세울 때 공산주의를 채용할 점이 많이 있습니다"라고도 말했다.

이 박사는 한반도에 대한 신탁통치를 결정한 모스크바협정이 발표된 직후 모스크바협정에 대한 좌우 진영의 태도가 대립될 조짐을 보이기 시작할 때도, 모든 정당들의 단합을 촉구했다. 이 박사는 1945년 12월 28일 기자회견에서 "8월 15일 후 우리 국내에는 50이 넘는 정당이 난립하였다는 소식을 듣고 한심함을 금할 수 없었다. 우리가 당면한 문제 중 가장 긴급한 문제는 완전 독립이 아닌가. 그러자면 하루 빨리 뭉쳐야 할 줄 안다. 한데 뭉치어 우리 땅을 우리 국가를 찾아 놓고 전인민의 총선거를 단행하여 새 국가를 세우지 않으면 안 될 줄 안다"라고 다짐했다.

이 박사는 민족통합을 추구하는 자신의 정치노선을 일민주의一民主義라고 천명했다. 이 박사는 1949년 9월에 발행된 '일민주의 개술'이라는 팸플릿에서 다음과 같이 말했다.

"일민一民이라는 두 글자는 나의 오십년 [민권·독립·건국]운동의 출발이요 또 귀추이다.…나는 일민주의를 제창하여 이로써 신흥국가의 국시를 만들고자 한다.…하나인 민족으로써 무엇에고 또 어느 때이고 둘이 있을 수가 없다. 계급이 없어야 하며 차등이 없어야 한다. 하나이거니 지역(차별)이란 무엇이며, 하나이거니 남녀(차별)이란 무엇이냐.…우리 민족은 하나다. 국토도 하나요, 정신도 하나요, 생활에도 하나요, 대우에도 하나요, 정치상 문화상 무엇에고 하나다.…헤치면 죽고 뭉치면 산다. 나뉘어지는 데서 죽고 일一에서 산다."

이 박사는 해방 후 귀국 직후부터 대한민국 건국 때까지 일민주의로 표현되는 민족통합노선을 일관되게 견지해왔다. 그러나 건국과정에서 이 박사의 이러한 민족통합노선은 3개 반대세력의 반대에 부딪쳐 제대로 관철되지 못했다. 건국과정에서 이 박사의 민족통합노선에 반대한 3개 세력이란 공산주의세력, 좌우합작세력, 김구세력 등이다.

⟨2⟩
공산주의세력은 이 박사의 민족통합노선에 제일 먼저 반대하고 나선 세력이다. 공산당은 독립촉성중앙협의회 결성 초기 단계에서 친일파는 독립촉성중앙협의회에 참여시켜서는 안 된다고 주장하면서 독립촉성중앙협의회를 결성하기 전에 친일파부터 먼저 가려내자고 고집했다. 이 박사는 친일파는 반드시 숙청해야 하지만, 친일파 가려내는 일부터 먼저 하게 되면 그를 둘러싸고 정치세력 간의 논쟁이 끝없이 계속되어 독촉중협 결성이 한 없이 늦어질 것이니, 모든 정당이 단합하여 우선 독촉중협을 결성해서 그것을 토대로 하여 연합국으로부터 독립을 쟁취하고 난 후 친일파 숙청에 관한 법률을 제정하여 법률에 따라 친일파를 숙청하자고 공산당을 설득했다. 공산당은 이 박사의 설득을 외면하고 자기들의 주장을 고집하다가 머지않아 독촉중협에서 탈퇴했다.

공산당이 그처럼 비이성적인 주장을 하면서 조국의 조속한 독립을 방해하자, 그때부터 이 박사는 공산당에 대한 반대 입장을 취했다. 이 박사는 1945년 12월 19일 '공산당에 대한 나의 입장'이라는 방송연설에서 다음과 같이 반공입장을 천명했다.

"한국은 지금 우리 형편으로 공산당을 원치 않는 것을 우리는 세계 각국에 대하여 선언합니다. 이왕에도 재삼 말한 바와 같이 우리가 공산주의를 배척하는 것이 아니오, 공산당 극좌파들의 파괴주의를 원치 않는 것입니다.…소위 공화국이라는 명칭을 조작하여 국민 전체에 분열상태를 타인에게 선전하기에 이르다가, 지금은 민중이 차차 깨어나서 공산에 대한 반동이 일어나매 간계를 써서 각처에 선전하기를 저들이 공산주의자가 아니요 민주주의자라 하여 민심을 현혹시키니 이 극렬분자들의 목적은 우리 독립국을 없이 해서 남의 노예로 만들고 저의 사욕을 채우려는 것을 누구나 볼 수 있는 것입니다.…이 분자들과 싸우는 방법은 먼저는 그 사람들을 회유해서 사실을 알려주시오.…시종 고치지 않고 파괴를 주장하는 자는 비록 친부형이나 친 자질이라도 원수로 대해야 할 것입니다."

공산주의자들과 그에 동조적인 저술가들은 오늘날에도 이 박사의 반공주의가 민족분열을 초래했다고 주장한다. 그러나 일이 진행된 순서를 보면, 공산당이 민족분열적 태도를 취하며 민족통합을 저해하자 그에 분노한 이 박사가 반공입장을 취한 것이 분명하다. 다시 말해서 이 박사의 반공은 '분열지향적 반공'이 아니라, 공산당의 분열작용으로부터 정치세력들의 통합을 보호하기 위한 '통합지향적 반공'이었던 것이다.

이 박사의 반공은 북한주둔 소련군과 북한공산세력이 이른바 '민주기지론' 전략에 입각하여 1946년 2월 북한에 북조선 임시인민위원회라는 단독 정권을 조직하면서부터 한층 더 강경해졌다. 그들의 말하는 '민주기지론'이란 소련군이 점령하고 있어서 공산화가 용이한 북한을 먼저 공산화한 다음 그것을 기지로 삼아 남한까지 공산화한다는 전략이다. 소련과 공산세력의 이러한 의도를 간파한 이 박사는 장차 한반도를 공산주의 아닌 체제로 통일하려면 우선 남한의 공산화를 막아야 하겠으며, 남한의 공산화를 막으려면 남한에서 민중의 뜻에 따른(바꾸어 말하면, 선거에 따른) 민주정부를 조속히 구성하여야 한다고 생각했다. 남한에서 민중의 뜻에 따른 정부가 안정되면 그것을 기반으로 해서 남북통일을 추진한다는 것이 이 박사의 구상이었다.

남한의 공산세력은 이러한 이 박사의 구상과 노력에 격렬하게 반대했다. 그들은 이 박사의 구상과 노력을 민족분단을 초래하는 분열주의적이고 반민족적인 망동이라고 욕해댔다. 공산세력의 '민주기지론' 전략이나 이 박사의 구상을 잘 모르는 정치인과 언론인들도 덩달아 이 박사의 그런 구상과 노력을 민족분열적인 것이라고 비판했다. 이 박사의 그러한 구상과 노력은 남북한 전체를 공산화통일하려는 공산세력의 입장에서 보면 민족분열적인 것(공산화통일을 저지하는 것)이나, 그런 공산화통일을 반대하고 비공산화통일을 바라는 세력의 입장에서 보면 민족통일적인 것(비공산화통일을 추구하는 것)이다.

어쨌든 공산세력은 남한에서 민중의 뜻에 따른 정부를 세우려는 이 박사의 주장과 노력을 격렬하게 반대했다. 그에 대응하여 이 박사의 반공입장도 더욱 강경해졌다. 남한까지 공산화하려는 공산세력의 공세에서 남한만이라도 공산화를 면하게 하려면 반공입장을 더욱 강화하지 않을 수 없었던 것이다. 이후 대한민국의 건국과정은 공산화통일을 위해 남한에서 선거에 의해 정부가 수립되는 것을 막으려는 공산세력과 그들 공산세력의 저지를 분쇄하고 선거에 의한 정부를 수립하려는 이 박사 및 그 지지자들 간의 투쟁과정이 되었다.

⟨3⟩
  공산당 다음으로 이 박사의 민족통합노선에 반대한 세력은 미군정의 지원을 받아 독자적인 정치세력을 형성하려고 노력한 좌우합작세력이다.
  이 박사는 민족통합주의자이기 때문에 처음에는 좌우합작에 대해 찬성했다. 좌우 정치세력이 합작을 하게 되면 민족통합이 이루어지는 것이기 때문이었다. 그래서 이 박사는 김규식 박사를 찾아가 좌우합작운동에 앞장서라고 적극 권유하기까지 했다. 이 박사는 좌우합작이란 것이 성사되기도 어렵고 자칫하면 공산당에 이용당하기 쉬운 것이라는 점을 잘 알면서도, 진정한 좌우합작이 성사되면 민족통합에 기여하게 될 것이라는 희망에서 좌우합작을 지지했던 것이다.
  그러나 좌우합작세력은 이 박사와 함께 민족통합을 도모하지 않고 이 박사의 정치적 영향력을 무력화하는 데 보다 많은 노력을 전개했다. 김규식과 여운형을 간판으로 내세운 좌우합작세력이 이 박사에 대해 그와 같이 적대적인 활동을 한 것은 당시의 좌우합작운동이 미군정에 의해서 이 박사와 김구 선생을 정치적으로 거세하기 위해 기획·연출된 것이었기 때문이다.
  이 박사와 김구 선생이 이끄는 남한의 민족주의세력이 신탁통치 반대운동을 격렬하게 전개하면서 신탁통치 실시를 통해 한반도문제를 해결하려는 미국의 정책에 저항하게 되자, 미국은 반탁세력의 중심인 이승만과 김구를 정치적으로 거세해 버리고 자기들의 말을 잘 듣는 새로운 정치세력을 만들어 그들과 협조하여 미국의 한반도정책을 관철하려 했으며, 새로운 정치세력을 만들어 이승만-김구를 정치적으로 거세하려는 목적에서 미군정이 기획한 것이 바로 좌우합작운동이었다. 김규식과 여운형은 이러한 미군정의 음모에 따라 미군정의 지원을 받으며 좌우합작운동을 추진했던 것이다.

이 박사는 그러한 음모를 알지 못했기 때문에 민족통합을 위해서 좌우합작운동을 지지했던 것이다. 그러나 1946년 10월 좌우합작운동이 좌우진영의 중심에 있는 세력들의 반대로 완전히 실패된 후에도 좌우합작운동 주도세력이 미군정의 지원을 받아 좌우합작위원회라는 조직을 중심으로 새로운 정치세력을 만들기 위한 작업을 진행하자 이 박사는 좌우합작위원회의 활동을 반대하기 시작했다. 좌우합작위원회를 중심으로 한 세력은 미군정의 지원 아래 '중간파 세력'을 형성하여 이 박사의 정부수립 노력을 방해했다. 중간파는 이 박사의 정부수립 노력을 방해하는 과정에서 자연히 공산당과 제휴했다. 당면 목표가 같았기 때문이다. 대한민국 정부 수립 최종 단계에서 중간 우파는 이 박사의 정부수립 노력에 동참했지만, 중간 좌파는 남북협상을 주장하며 끝내 대한민국 건국을 방해했다.

⟨4⟩

김구세력은 1947년 12월까지는 이 박사의 민족통합노선에 협조했다. 김구 선생과 그 지지세력은 유엔 총회가 결의한 유엔 감시하의 남북한 자유총선결의를 지지할 때까지도 이 박사와 협조했다. 김구 선생은 12월 1일에 발표한 성명에서 이 박사의 남한 정부수립노선에 대한 자신의 지지를 다음과 같이 공개적으로 천명하기도 했다.

"우리는…유엔결의안을 지지하는 바이다.…만일 일보를 퇴하여 불행히 소련의 방해로 인하여 북한의 선거만은 실시하지 못할지라도 추후 하시에 든지 그 방해가 제거되는 대로 북한이 참가할 수 있게 하는 것을 조건으로 하고 의연히 총선거의 방식으로 정부를 수립하여야 한다. 그것은 남한의 단독정부와 같이 보일 것이나 좀 더 명백히 규정하자면 그것도 법리상으로나 국제관계상으로 보아 통일정부일 것이오 단독정부는 아닐 것이다. 이 박사가 주장하는 정부는 상술한 제2의 경우에 치중할 뿐이지 결국에 내가 주장하는 정부와 같은 것인데 세인이 그것을 오해하고 단독정부라고 하는 것은 유감이다."

이처럼 이 박사의 정부수립노선을 지지했던 김구 선생은 그해 12월 22일 갑자기 이 박사의 정부수립 노선을 지지하지 않겠다고 선언했다. 이때부터 김구 세력은 이 박사의 민족통합노선에 반대하는 세력이 되었다. 상해 임시정부 구성원들의 3분의 1정도에 해당하는 김구 세력은 우익진영 내에서 한민당과 갈등이 심했다. 특히 그해 12월 초에 발생한 한민당의 2인자 장덕수 암살사건의 배후가 김구세력이라는 혐의가 짙어지면서 그 갈등은 심화되었다. 12월 20일 장차 한국을 방문할 유엔위원단을 맞이하여 그들과 정부수립문제를 협의할 우익진영의 민족대표단을 구성함에 있어서 한민당이 김구 세력을 소외시키면서 김구 세력과 한민당 간의 갈등은 폭발했다. 김구 세력은 이 박사가 한민당을 감싸고돈다는 이유로 이 박사와도 결별하기로 한 것이다.

이 박사는 민족통합을 위해서는 우익진영만이라도 통합이 되어야 하는데 우익진영마저 분열되어서는 안 된다는 판단에 따라 김구 세력의 이탈을 막기 위해 많은 노력을 전개했다. 이 박사는 김구 세력이 불만의 표적으로 삼는 민족대표단을 없었던 일로 하라고 지시했고, 김구 선생과 자주 회동하면서 김구 선생의 분노를 달랬다. 그러나 김구 선생은 이 박사 앞에서는 '형님의 뜻에 따르겠다'고 말해놓고는 돌아가면 추종자들의 주장에 말려들어 그 말을 뒤집었다. 또한 그 무렵 김구 선생 주변에는 김일성이 파견한 공작원 성시백과 서영해가 손길을 뻗치고 있었다.

김구 선생은 1948년 1월 하순, 북한 정권과 남한 좌익 및 중간 좌파들이 주장해 온 남북협상에 동조하는 입장을 발표하여 이 박사의 대한민국 건국 노력에 정면으로 맞서기 시작했다. 김구 선생은 유엔 소총회가 남한만의 선거 실시를 결의한 후에도 남한에서만의 선거는 절대반대라고 선언했다. 이 박사는 김구 선생과 김규식 박사를 만나서 "당신들의 남북협상에 반대하지 않을 테니 당신들도 남한 총선 실시에 반대하지 말라. 당신들이 남한 총선에 반대하지 않는다면 나도 남북협상에 참여할 수 있다."라고까지 말하며 양김을 설득했다. 그러나 양김은 "형님이 남북협상에 참여한다면 그 사람들이 반대할 것"이라며, 이 박사의 설득을 끝내 받아들이지 않았다. 여기서 양김이 말한 '그 사람들'이란 북한공산주의자들이다.

김구 선생과 김규식 박사는 대한민국 건국을 위한 총선 투표일(1948년 5월 10일)을 코앞에 둔 4월 하순부터 5월 초까지 평양에 체류하면서 북한정권이 기획·연출한 남북조선 정당·사회단체 대표자 연석회의 및 남북조선 요인회담에 참석하여 대한민국 건국을 방해하는 연극의 조연 역할을 충실히 이행했다.

⟨5⟩
결론적으로 말해서, 이 박사는 민족통합노선에 따라 우리 민족의 모든 정치세력이 단합하여 조속히 자주적으로 우리 민족의 통일국가를 건국하려고 노력했으나, 공산세력, 좌우합작세력(중간파세력), 김구 세력의 반대로 그에 성공하지 못했다. 공산세력의 반대로 인해 남북통일정부를 수립하려는 이 박사의 계획이 좌절되었고, 좌우합작세력과 김구세력의 반대로 인해 남한의 정부만이라도 모든 정파의 단합을 토대로 수립하고자 하던 이 박사의 희망이 깨졌다. 반대세력들의 반대투쟁에 부딪쳐서 이 박사의 민족통합노선이 관철되지 못함으로써 남북분단이 초래되고 대한민국 건국에 남한 내 일부 정치세력이 불참한 것을 두고, 이 박사가 민족분열주의자였기 때문에 남북분단이 초래되고 대한민국 건국에 남한 내 일부 정치세력의 불참이 초래되었다고 비판하는 것은 원인과 결과를 분간하지 못하고 실존했던 사실을 외면하는 억지주장이다.

해방공간의 김구

"김일성도 선생을 대통령으로 모시려고…"

김효선 |〈한국논단〉 편집위원|

2008년 6월 16일자 신용하 백범학술원장이 〈조선일보〉에 기고한 글 가운데 다음과 같은 내용이 있다.

"백범이 광복 후 환국해서 대한민국을 건국할 때, 남·북한의 단독정부를 반대하고 먼저 '남북협상'을 해보자고 주장하며 1948년 4월 평양을 다녀온 것을 대한민국 건국에 반대했다고 설명하는 경우가 있다. 그러나 이것은 전혀 사실이 아니며 참으로 큰 오해이다."

신용하 씨의 주장은 김구 초상 10만 원권 화폐 도안인물 선정 사건과 맞물려 건국 60주년을 기해 봇물 터지듯 터진, 건국 당시 김구의 부정적인 행적 비판에 대한 봉합封合의 대응으로 보인다. 신용하 씨의 주장처럼 그것이 과연 전혀 사실이 아닌 순전한 오해인지 당시의 상황을 되짚어 보고자 한다.

김구는 1948년 초만 해도 유엔 감시하의 남북한 총선에 참여한다는 데에 이견이 없었다. 김구뿐만 아니라 한독당 구성원 다수도 같은 생각이었다. 유엔위원단의 입북入北을 거부한 소련의 입장을 재확인했다는 보도가 있자 한독당은 1월 25일 "소련 측이 북조선 입경을 거부한다면 우리는 부득이 유엔 감시 하에 수립되는 정부가 중앙정부라면 38선 이남에 한하여 실시되는 선거라도 참가할 용의가 있다"라고 천명했다.

그러나 1948년 1월 26일, UN한국위원단이 서울에 도착한 후 열린 청문회에서 김구는 돌연 외국 군대의 즉시 철수와 남한만의 선거 반대를 표명하였다. 이에 외군 철수 후의 무정부 상태와 내란을 생각지 않느냐는 UN위원단의 질문에 김구는 "그것은 유엔한국위원단이 해결할 책임"이라고 답변했다. 이러한 답변에 프랑스의 마네트Manet 위원은 "김구 씨는 UN이 마음대로 쓸 수 있는 군대가 없다는 것을 모르느냐"는 핀잔을 했다.

유엔위원단을 만나고 나온 김구는 "미·소 양군이 철퇴하지 않고 있는 남북의 현재 상태로서는 자유스러운 분위기를 가질 수 없으므로 양군이 철퇴한 후 남북요인회담을 하여 총선거로 통일정부를 수립해야 할 것입니다."라고 주장했다.

비록 조건부였지만 총선 참여를 천명했던 김구와 한독당이 돌변한 이유는 무엇일까.

첫째, 장덕수 암살사건의 영향을 들 수 있다. 1947년 11월 17일 김구가 당수인 한독당이 주축이 된 각 정당협의회는 미·소 양군의 철퇴를 요구하며, 남북 정당대표회의를 구성하여 통일정부를 세우라고 주장하였다. 이에 대해 11월 21일, 70여 민족진영 단체들이 이러한 주장은 공산당의 대변자로 밖에 볼 수 없다고 규탄하자 김구는 이 주장을 보류하고, 12월 1일 UN 결의안과 이승만 박사의 선거를 통한 정부수립에 대한 지지를 표명했다.

그러나 12월 2일, 김구의 휘하로 알려진 김석황의 주도 아래 한민당의 중진인 장덕수 암살 사건이 발생한 후, 김구의 정치노선은 다시 돌변하여 결과적으로는 공산당과 같은 노선으로 들어선 모습이 되고 말았다.

미군정에서는 장덕수 암살 배후인물로 김구를 지목했다. 그러자 김구 측에서는 이승만 박사에게 도움을 요청했다. 당시 이 박사와 하지의 관계는 견원지간을 방불케 하는 상태였다. 결국, 비서들은 아무런 도움이 되지 않을뿐더러 오히려 상황이 더욱 악화될 수 있다는 생각에서 이 박사에게 전달하지 않았고, 이 박사가 고의로 도움 요청을 회피한 것으로 생각한 김구는 몹시 서운해 하며 두 사람의 관계가 멀어지기 시작했다.

둘째, 1936년 임정의 주불駐佛 외교위원이었던 서영해의 등장과 성시백의 공작을 들 수 있다.

임정 국무위원을 지냈으며 해방 후에도 김구를 추종해 온 조경한에 의하면 "김구는 처음에는 단선을 받아들일 생각이었다. 그러나 서영해가 나타나 '남북한을 통털어 총선거를 하면 선생님이 대통령이 되실 텐데 무엇하러 이 박사가 주도하는 남한만의 선거에 참가하려고 하십니까? 김일성도 김구 선생을 대통령으로 모시려고 만반의 준비를 갖추고 있습니다' 라고 집요하게 설득하는 바람에 변심하게 되었다"는 것이다.

동시에 성시백의 김구 회유 공작이 있었다. 1997년 5월26일자 북한 <로동신문> 2면 특집보도에는 성시백이 김구를 회유하는 과정을 다음과 같이 기술하고 있다.

···성시백 동지는 4월 남북련석회의를 성과적으로 보장하기 위하여 위대한 수령님의 높으신 권위를 가지고 극단한 반동분자로 있던 김구 선생을 돌려 세우는 사업체에도 큰 힘을 넣었다.

성시백 동지와 김구 선생은 남다른 인연이 있었다. 그 사연인즉 '상해림

시정부'의 간판을 달고 프랑스 조계지 안에 있던 김구 선생을 비롯한 '림정' 사람들이 프랑스 총영사의 지시에 따라 조계지 밖으로 나가게 되었을 때 성시백 동지가 그들을 구원해 준 것이었다…김구 선생은 이 때 성시백의 소행을 고맙게 여기었으며 그를 출중한 인물로까지 보게 되었다. 이런 관계로 하여 성시백 동지는 김구 선생을 만나 허심탄회하게 이야기를 나누었다.

"…제 생각에는 선생님은 우리 민족을 위하여 한생을 바쳐 오신 분인데 김일성 장군님을 직접 찾아 뵈옵는 것이 어떤가 하는 것입니다. 최근에 이북에서 외세의 간섭을 배격하고 민족 자주 력량으로 조국을 통일하기위한 대표자들의 련석회의를 개최할 데 대한 제의를 내 놓았는데, 이 거사가 성사되기만 한다면 이것이야 말로 우리 민족사에 특기할 사변이 아니겠는가 하는 의견입니다."

김구 선생은 그의 이 말을 듣고 한숨을 푹 내쉬더니 "자네 말에는 반박할 여지가 하나도 없네. 그렇지만 공산주의자들이라면 무조건 적으로 규정한 이 김구를 반가워할 리가 없지 않은가?"라고 말하는 것이었다.

이때라고 생각한 성시백 동지는 "바로 그것이 선생님의 고충이시겠는데 나라가 영영 둘로 갈라지느냐, 아니면 통일이 되느냐 하는 시국에서 지나간 일을 두고 시비할 것이 있습니까? 백문이 불여일견이라고 선생님이 결단을 내리시어 북행하는 것이 어떻습니까? 미국 사람들의 시녀노릇을 하는 리승만과 손을 잡겠습니까? 아니면 북에 들어가서 김일성 장군과 마주 앉겠습니까?"

"음, 그러니 군은 김일성 장군을 신봉하고 있군 그래. 알겠네. 내 알아서 용단을 내리겠네."

성시백 동지는 이러한 실태를 인편으로 위대한 수령님께 보고 드리었다. 그의 보고를 받으신 김일성 수령님께서는 남북련석회의에 참가할 각계 민주인사들에게 초청장을 보내면서 김구, 김규식에게 보내는 초청장만은 성시백 동지가 직접 전달하도록 하시였다…(중략)

　간단한 인사말이 오고 간 다음 성시백 동지는 김구 선생에게 "선생님은 전번에 북의 공산주의자들이 과거를 불문에 붙인다는 것을 무엇으로 담보하겠는가고 물으셨지요?"하고 단도직입적으로 들이댔다. 그리고는 "북의 공산주의자들은 선생님의 애국충정을 무엇보다 귀중히 여기고 지나간 일들을 모두 백지화할 것이라고 담보하고 있습니다. 이것은 저의 말이 아닙니다. 저는 다만 절세의 애국자이신 김일성 장군님의 의사를 전달할 뿐입니다."

　그러자 김구 선생은 "아니, 뭐, 뭐라고? 김일성 장군님께서?"그렇게 말하며, "그런데 자네는 도대체 어떤 인물인가?"하고 물었다. "내가 바로 김일성 장군님의 특사입니다."

　김구 선생은 자리에서 벌떡 일어섰다. 의문과 새삼스러운 눈길로 그를 바라보던 김구 선생은 "아니 자네가? 그렇다면 임자가 오늘 오신다고 하던 김일성 장군님의 특사란 말씀이시오?"하고 물었다. 이렇게 김구 선생의 말투도 대뜸 달라졌다.

　성시백 동지가 일어나서 김구 선생에게 엄숙히 초청장을 전달하였다. "우리 민족의 태양이신 김일성 장군님께서 백범 선생에게 보내시는 남북련석회의 초청장입니다." 이 순간 과묵하고 고집스럽던 김구 선생의 얼굴이 감격과 흥분으로 붉어졌다.

　"김일성 장군님께시 그처럼 믿어 주실 줄을 내 미처 몰랐습니다. 장군님께서 불러 주셨으니 기여이 평양으로 가겠습니다. 내 이후로는 다시 일구이언하는 그런 추물이 되지 않겠습니다."

　뿐만 아니라, 북한은 1985년 남북 제정당사회단체연석회의(1948.4)에 참석한 김구의 행적을 소재로 한 '위대한 품'이라는 영화를 제작했다. 이 영화는 김일성에게 투항하여 국기와 임시정부 관인까지 바치면서 "황해도 신천에 과수원이나 하나 마련해주면 여생을 장군님에게 의탁하여 살겠다."라고 읍소하는 장면을 묘사하는 등 김구를 비하하는 내용으로 구성되어 있다.

'위대한 품'은 김대중 정권 시절인 2002년 12월, 남한의 영화진흥위원회에서 발간한 『통일 한국인이 보아야 할 북한영화 50선』에 수록되었고, KBS를 통해 방영되기도 했다.

한편 소련도 나름대로 전 한반도 공산화 목적을 달성하기 위한 계획을 수립해 놓고 있었다. 48년 2월과 4월의 『레베제프 비망록』에 의하면 소련은 '전조선인민위원회대회' 소집을 구상하고 있었다. 소련은 이 대회를 통해 남한만의 선거 반대와 분쇄, UN임시한국위원단을 한반도로부터 추방하고 미·소 양군 철수 등을 관철시키고자 노력했다.

결국, 김구는 이승만 박사를 비롯한 민족지도자들의 만류에도 불구하고 4월 19일 평양을 방문하여 남북한 연석회의에 참석했다. 그리고 미군 철수와 북한에 모인 좌파 56개 단체에 의한 임시정부 수립, 남조선 선거 반대와 수립된 정부 불인정을 골자로 하는 4·30성명에 한독당 대표 자격으로 서명했다. 자신이 지켜온 대한민국 임시정부의 정통성을 스스로 무시해 버리고, 북측과 합작으로 새로운 임시 정부를 수립하기로 한 것이다. 진의야 무엇이든지 김구의 행동은 소련과 북측의 의도대로 따라준 결과를 야기했다.

김구는 북한에서 북한헌법과 국기제정 등 공산정권수립의 절차가 진행되고 있는 상황을 목도했다. 그럼에도, 공산 측에 가담하여 UN이 결의한 선거로 세워질 남한의 대한민국 건국을 반대했을 뿐만 아니라 방해하기까지 했다.

1948년 5·10선거 후인 5월 31일 제헌국회 개원식에서 이승만 국회의장은 이 국회에서 세워질 정부는 대한민국 임시정부의 법통을 계승한다는 것과 민국의 연호는 기미년에서 기산한다고 선언했다.

그런데도 5월 5일 북한의 연석회의에서 돌아와 4·30성명이 남북요인회담의 성과라고 밝혔던 김구는 6월 7일 "현 국회가 대한민국 임시정부의 법통을 계승할 아무 조건이 없다."고 단호하게 말했다.

김구의 완강한 태도에 1948년 7월 11일 중국 공사 유어만은 대한민국 정부수립을 지지하기 바란다는 장개석 총통의 뜻을 전하기 위해 김구와 단 둘만의 비밀회동을 했다. 이 회동에서 김구는 "내가 요인회담에 갔던 동기의 하나는 북한에서 일어나고 있는 사실을 보려고 한 것이다. 공산주의자들이 앞으로 3년간 조선인 붉은 군대의 확장을 중지한다고 해도 남한이 전력을 다해서 붉은 군대의 현재 병력만한 군대를 만들기는 거의 불가능하다. 러시아인들은 책잡힐 일 없이 쉽게 남쪽에 급습을 할 것이며 당장 남한에 인민공화국이 선포될 것이다"라는 폭탄발언을 했다.

김구는 남한에 정부가 수립되어도 소련에 의해 곧 인민공화국이 될 터이니 대한민국을 건국할 필요가 없다는 것을 우회적으로 피력한 셈이다. 다시 말해 김구의 통일정부 수립 주장은, 군사력이 우월한 북한의 인민공화국에 남한이 편입되는 길밖에 없다는 사실을 알고 있으면서 국민을 기만한 것이다.

김구와 김규식은 5·10선거 무효화 운동을 효과적으로 펼치기 위해 48년 6월 7일, 김구의 한독당과 김규식의 민족자주연맹 등의 동조세력을 통합하여 통일독립촉성회를 결성한다는 공동성명을 발표했다.

한편 대한민국 정부수립 선포식을 앞둔 8월 11일, 이승만은 장면, 장기영, 김활란 등을 파리 유엔총회에서 대한민국의 승인 운동을 펼칠 한국대표단으로 파견했다.

이보다 앞선 8월 1일, 통일독립촉성회는 부주석 김규식을 수석대표로 하는 파리 유엔총회에 파견할 대표단을 선정했다. 분단정권을 승인하지 말고, 상해 임시정부를 승인해 주도록 호소하기 위해서였다. 이미 서영해는 선발대로 파리에 가 있었다. 그러나 김규식이 수석대표직 수락을 거부하는 등 통촉의 계획은 실현되지 못했다. 정부수립 선포식이 있던 8월 15에도 김구는 "비분과 실망이 있을 뿐이다. 새로운 결심과 용기를 가지고 강력한 통일운동을 추진해야 되겠다"라고 말했다.

1949년 5월, 국회부의장 김약수 등 15명의 소장파 의원들이 국가보안법 위반으로 구속된 사건이 이른바 '국회프락치사건'이다. 친북좌익세력과 김구추종세력은 생명의 위협을 느낀 친일세력이 이승만과 합작으로 반민특위 와해를 위해 펼친 방해공작이 '국회프락치사건'이라고 주장한다.

친북좌익세력과 김구 추종세력의 주장에 의하면, 구속된 국회의원들은 김구와 뜻을 같이 하던 반反이승만 계열 의원들로, 반민특위법 시행 강경론자라고 한다. 의원들의 구속 사유인 국가보안법 위반 혐의 내용 또한 남로당의 지시를 따른 행위라고 하나 실증할 만한 근거자료가 하나도 없으며, 단지 '외국군 철수'와 '평화통일' 그리고 남로당 7원칙과 일치한다는 이유를 들어 정적을 제거하는 수단으로 악용했다는 주장을 폈다.

그런데 1997년 5월 26일자 북한 <로동신문>에는 성시백이 1948년 가을부터 국회를 대상으로 공작을 펼쳤으며, 그 결과 국회부의장과 수십 명의 국회의원들을 포섭하는데 성공했다는 내용과, 성시백이 그들을 이용해 '외군철회요청안'과 '남북화평통일안'을 발표하게 했다는 내용이 실려 있다.

북한은 그동안 '국회프락치사건'의 실체를 철저하게 부인해 왔다. 그러나 <로동신문>과 2002년 북한의 대남선전매체인 <통일여명> 편집국 특집보도(181호)에서 이를 스스로 인정했다.

성시백이 국회의원 포섭공작을 벌였다는 북한 <로동신문> 기술 내용과, 신경완의 증언 내용도 정확하게 일치한다. 김구가 호언장담했던, 미군이 철수해도 공산군이 남침하지 않는다는 북한의 약속은 여지없이 깨어졌다. 아마도 김구 생전에 6·25사변이 발발했더라면 결코 오늘날과 같은 '백범 추앙'은 불가능했을 것이라 여겨진다.

|카이로 선언과 이승만|

'한국독립' 조항, 루즈벨트와 통했다

김효선 |〈한국논단〉 편집위원|

한국의 독립 문제를 처음으로 연합국들이 합의한 것은 카이로 회담이다.

세계 2차 대전이 연합국의 승리로 반전되면서 1943년 11월 22일 미국의 프랭클린 루즈벨트 대통령, 영국의 처칠 수상, 중국의 장개석 총통은 카이로에서 만나 전후처리 문제를 협의한 결과물 '카이로 선언'을 발표했다.

"The aforesaid three great powers, mindful of the enslavement of the people of Korea, are determined that in due course Korea shall become free and independent."

"한국민의 노예상태를 유념한 3대국은 '적당한 절차'에 따라 한국을 해방 독립시키기로 결의했다"는 이 선언으로 일제의 패전과 더불어 대한민국은 건국되었다.

이 카이로 선언문은 루즈벨트 대통령의 특별 보좌관 해리 홉킨스가 초안을 만들었다.

루즈벨트와 처칠이 부분수정은 했지만 골격은 그대로 채택되었다.

그러면 어떻게 해서 홉킨스가 한국독립 조항을 선언문에 넣게 되었을까.

일부에서는 김구의 임시정부 요청을 받은 장개석 총통의 영향으로 이 조항이 들어갔다고 주장하지만 그것은 중국의 입장이나 국제정세를 외면한 일방적 이야기다.

카이로 회담은 미국, 소련, 영국이 테헤란에서 회담을 열기로 하고, 테헤란으로 가는 길에 열린 예비회담 성격이었다. 루즈벨트는 전후 극동문제 논의를 위해 테헤란 회담에 장개석을 참여시키려 했으나 처칠과 스탈린이 반대했다. 그래서 예비회담에만 참석시킨 것이었다.

"중국은 만주와 한국의 재점령을 포함, 광범한 영토의 야심을 갖고 있음에 틀림없다." 훗날 공개된 미 국무성 극비문서에서 보듯이, 장개석은 한반도를 중국의 속방으로 생각해온 사람이다. 1941년 광복군이 조직되었을 때 중국은 광복군을 한국임시정부와 무관한 단체로 분리했다.

광복군을 중국 국민당 군사위원회 소속으로 편입하였고 참모장과 정훈차장을 중국인으로 임명했다. 이는 광복군이 한국의 독립투쟁을 위해 독자적으로 활동할 수 없도록 묶어두려는 목적에서였다. 장개석은 한국 독립운동가들을 일정수준 지원은 했지만 한반도의 독립에는 극히 부정적이었다. 장개석정부는 한국 임시정부를 해방때까지도 승인하지 않았다.

한국독립당이 생기자 임시정부를 '한독당의 임시정부'로 불렀으며, 몇 차례의 임정승인 요구를 번번이 거절했다. 일본이 항복한 8월 15일에도 임정 승인을 요청했지만 장개석은 끝내 거부해버렸다.

카이로 선언이 발표되자 충칭重慶의 임시정부에서는 '적당한 절차' 란 대목을 놓고 한국이 중국의 위임통치 아래 들어가게 될 것이라는 루머가 퍼지기도 했다.

한편, 미국의 이승만은 'in due course'에 대하여 '미국과 소련의 한반도 분할 음모'임을 간파하고 루즈벨트와 의회를 상대로 진상규명 요구와 함께 규탄운동을 벌인다. 소련을 태평양 전선에 끌어 들이려 조바심치는 미국이 한반도를 대가로 내주려한다는 것이 강대국정치를 꿰뚫는 이승만의 결론이었으며, 그의 반소노선은 비상이 걸렸다.

그러나 우리의 우군으로 믿었던 장개석정부의 표리부동과 소련의 야심을 알 리 없는 한국인들에게 '독립 조항'은 기적 같은 복음이라 할 것이었다. 루즈벨트와 홉킨스는 그러면 왜 '한국독립'조항을 초안에 넣게 되었을까. 결론부터 말하면 장기간 이승만이 벌인 미국 외교활동이 맺어진 열매라고 하겠다.

잘 알려진 대로 이승만의 독립운동은 박용만이나 김구의 무장투쟁과는 차원이 다른 '전방위 국제외교 투쟁' 노선이다. 제국주의 시대에 무장투쟁은 식민국 일본의 한국탄압만 강화시킬 뿐이기 때문이다. "강대국 미국의 힘을 빌어 강대국 일본을 물리치자"는 것이 이승만의 전략전술이었다. 그렇다고 그가 무장투쟁을 부정한 것도 아니고 시기를 기다리자는 것이다.

간단히 줄여서 우선 이승만은 미국의 2명의 루즈벨트와 특별한 인연을 가졌다. 1905년 고종의 밀사로 미국에 파견되었을 때, 당시 대통령 시어도어 루즈벨트Theodore Roosevelt를 만난다. 미국이 1882년 조선과 맺은 조미수호조약의 '거중조정 조항'에 따라 일본침략을 막아달라고 호소했다. 그러나 루즈벨트는 이미 일본의 한국지배를 인정한 '태프트-가Tm라 밀약'을 맺은 직후였다.

그 후 1933년부터 집권한 프랭클린 루즈벨트Franklin Roosevelt 대통령 부부와 연을 맺는다. 루즈벨트 대통령에게 "아시는 바와 같이, 미국은 1882년의 조미조약을 파기하면서 일본의 한국강점(1905 을사조약)과 병합(1910)을 허용했습니다."라는 편지를 보냈듯이 이승만은 미국의 약점을 공격하면서 기회 있을 때마다 미국을 압박했다.

또한 이승만은 루즈벨트 외교팀의 실력자 섬너 웰즈의 지지를 얻었다. 웰즈는 전국 신문 신디케이트에 이렇게 썼다.

"한국이 독립하면 미국이 저지른 20세기 최대의 죄악중 하나가 청산되고, 새로운 태평양 국제질서에 한국이라는 안정요소가 추가될 것이다."

'태평양의 안정요소'란 일찍이 이승만이 프린스턴 대학시절부터 줄기차게 펼쳐 왔던 한국독립의 세계적 기요성을 설득한 논리다. 이와 같이 조미조약을 파기한 T.루즈벨트의 죄, 태프트-가쓰라 밀약으로 한국을 희생시킨 행위에 대하여 F.루즈벨트나 미국 지도층이 '죄의식'까지 느끼게 된 것은 우연일까.

일본에 배신당한 미국의 기독교적 양심과 자유, 속죄 본능에 불을 지른 이승만의 심리전 효과에 틀림없는 것이다.

F. 루즈벨트와 T.루즈벨트는 먼 친척간이다. F.루즈벨트의 부인 엘리노어 루즈벨트는 T.루즈벨트의 조카였다. 이승만은 대통령 부인 엘리노어 루즈벨트와 친분을 쌓았고, 엘리노어는 이승만의 요청들을 남편에게 전하는 일도 많았다. 이승만이 무장투쟁을 위해 요청한 무기대여문제도 엘리노어가 루즈벨트에게 독촉할 정도였다.

또한 해리 홉킨스는 백악관에서 루즈벨트와 기거하는 측근 중의 측근이었다. 목사의 딸인 어머니의 기독교 신앙으로 성장한 홉킨스는 루즈벨트와 손잡기까지 빈민 퇴치 등 억압받는 계층의 구원운동에 헌신할 정도로 기독교 정신에 투철한 인물이다.

기독교인으로서 기독교 정신을 독립외교의 동력으로 풀가동시킨 이승만. 미국의 유력정치인들을 규합한 '한미협의회'를 조직하고, 이승만이 오래 다닌 교회목사이자 연방 상원의원 원목인 해리스 목사를 이사장으로 내세워 정교政敎 총력체제로 뛴 이승만.

루즈벨트 회고록엔 "이승만의 저서 『Japan Out Inside』를 받았다"는 내용이 있다. 1941년 여름에 출판한 이 책을 이승만은 백악관을 비롯하여 스팀슨 육군장관, 헐 국무장관 등 정계 요로에 모두 보냈다. 홉킨스도 물론 받아서 읽었을 것이다.

일본의 진주만 공격을 경고한 책이 나온 지 몇 달 만인 12월 7일 진주만을 기습함으로써 이승만을 예언자로 만들어 준 일본, 진주만뿐 아니라 소련의 탐욕과 미-소 충돌까지 예언한 선지자 이승만, 오로지 조국을 위해 일생을 희생한 순교자적 이승만의 독립정신이 루즈벨트 가족과 미국인들의 독립정신에 녹아들어 카이로 선언이 탄생한 것은 아닐까.

|미국의 '기피인물' 이승만|

미 국무성, '반소反蘇주의자' 이승만 귀국여권 취소

인보길 정리 |〈뉴데일리〉 발행인|

    소련이 데려온 김일성이 스탈린의 꼭두각시 Puppet 였듯이, 이승만도 미국이 친미정권 만들려고 급거 귀국시킨 앞잡이였을까. 해방공간에서 지금까지 남북한 공산당의 끈질긴 선전선동에 솔깃한 사람들이 아직도 있다면 다음 이야기를 읽어보기 바란다.

    미국에게 이승만은 태평양전쟁 훨씬 전부터 '기피 인물'이었다. 일찍이 '태프트-가쓰라 밀약'으로 필리핀과 조선을 나눠 가졌던 미국과 일본, 식민제국주의 시대 미국 대통령 T. 루즈벨트를 만나려고 동분서주했던 이승만은 귀찮은 존재였다.

    조미朝美수호조약을 지켜 대한민국 임시정부를 도와달라고 매달리는 이승만, 일본의 진주만 공격을 예언하는 이승만, 대한민국을 승인하여 일본을 견제해야 미국 평화도 안전하다고 다그치는 이승만, 일본이 물러가면 소련이 반드시 한반도를 강점할 것이라고 주장하는 이승만, 소련 국제공산주의가 곧 세계를 지배하게 된다고 장담하는 이승만… 워싱턴 곳곳에 둥지 튼 친소파 실세들에게도 이승만은 제거 대상이었다.

결정적인 '기피인물' 낙인은 카이로회담 이후, 그리고 얄타회담, 포츠담회담 때였다.

소련을 태평양 전선에 끌어들이려 조바심친 미국과 영국, 때를 놓치지 않고 덫을 놓은 스탈린, "참전하면 해방지역을 점령해도 되는가?", "오케이." F. 루즈벨트는 즉석 환영했고 트루먼도 인계받은 강대국들의 비밀 야합. 전쟁을 끝내면서 또 하나의 전쟁을 잉태한 시나리오는 그렇게 시작되었다. 이승만은 즉각 반발했다. 소련의 한반도 진주 및 남북한 분할 음모를 결사반대한다는 캠페인을 벌인 것이다. 누구도 들은 척 않는 약소민족의 목소리, 고독한 선지자 이승만.

분할 점령과 좌우연립정부 수립 등 스탈린과 주고받은 전후처리를 밀고 가는 미국 앞길에 한사코 농성하는 이승만은 사라져야 하는 방해물 아닌가. 이때부터 미국 언론은 이승만을 '반미주의자', '극우분자'로 매도하기 시작한다. 실제로 후일 미 당국은 이승만 제거작전Ever Ready Plan도 은밀히 펼쳤음이 드러난다.

마침내 해방이다. 일본은 드디어 패망하고 말았다. 고종황제의 밀사로 미국에 온지 41년, 조국의 해방과 독립을 위해 고군분투했던 임시정부 대통령 이승만의 해방감은 어떠했을까. 오랜 질곡의 사슬이 끊어진 순간 내 나라에 달려가고 싶은 환국의 열망은 온통 조바심 그것이었다.

그러나 이승만은 일본의 패전 후 2개월이 지나고, 하지 장군이 인천에 상륙한지 5주가 지나도록 귀국할 수 없었다. 왜 그랬을까. 우선 이승만은 중국을 경유하는 귀국 노선은 포기해야 했다. 이미 몇 년 전부터 중국에선 국공합작國共合作을 추진하는 미국 정책에 따라 장개석이 고립되어 갔고,

충칭重慶의 임시정부도 '좌우연합전선'을 따르고 있었다. 1942년 12월 7일 김구 주석은 몇몇 공산주의자들을 각료로 임명하였고, 그때부터 이승만은 좌우합작 정책을 포기하도록 강력히 주장해왔었다. 특히 당시 중국 외교부장은 임정의 김규식 조소앙등 합작세력에게 우선권을 부여할 것을 미국과 협의 중이었으며, 이때 만약 이승만이 중국에 간다면 합작파가 한국에서 우위를 확보할 때까지 이승만의 귀국을 방해하거나 억류될 우려가 크기 때문이었다.

이승만은 마닐라를 경유하는 코스로 정하고 국무부에 여권을 신청했다. 또 미군 당국으로부터 작전지역 출입허가를 받아야 했다. 이 허가서는 맥아더 사령관을 통해 해결되었다. 국무부에서 전화가 왔다.

"여권 신청을 취소해주시오."

이유는 신청서에 적힌 '주미 한국고등판무관High Commissioner from Korea to the United States'이란 직위가 적절하지 못하다는 것이었다. 여권과장 시폴리 여사를 만나게 해달라고 요청했지만 응답이 없었다. 오랜 침묵 끝에 여권과장을 만나게 된 것은 9월 21일. 이승만은 아무 직위도 필요 없고 조용히 귀국하고 싶다고 말했다. 과장은 미군 허가서에도 직위를 없애라고 했다. 이승만은 허가서를 새로 발급 받은 뒤 국무부를 찾아갔다.

"미국 국무부는 당신의 여행 편의를 제공하지 않기로 결정했습니다."

날벼락 같은 뜻밖의 선언이었다. 이승만은 군용기를 이용하려 했다. 그러나 오키나와 도쿄에 도착할 수 있는 특별 허가증을 맥아더 사령부로부터 재발급 받아야 하며 일본에서 한국에 갈 군용기 사용 허가도 별도로 필요하다고 했다. 또한 모든 절차는 국방부를 통하라는 통고만 받았다. 이승만은 다시 여권과장을 어렵게 만났다. 국방부에 협조를 부탁해달라고 말했을 때 과장은 싸늘하게 거절했다. "국무장관의 특별 허락이 필요합니다. 국무부는 더 이상 개입할 수 없습니다."

어떻게 할 것인가. 해방된 한국에 가겠다는 한국지도자를 미국이 왜 막는가. 그럴 테지…이유는 이승만이 짐작 못할 바도 아니었다. 가자. 너희들이 막으면 내 힘으로 갈 테다.

"나는 아직 조선호텔에 있소. 나의 도착이 발표된 이래 국민들은 야단법석인 모양이오. 날마다 수백 명이 호텔 현관에 몰려와서 나를 만나게 해달라고 요구하고 있소.(중략) 곧 윤치영이 여기 올 것이고 여러 명이 따라올 것이오. 이들이 동대문 밖에 큰 집을 한 채 마련해 준다 하오. 공산그룹을 제외하고 김구와 임정 사람들을 데려올 계획을 하고 있소. 여운형과 그 동생은 내가 바라는 일은 무엇이든지 하겠노라 말하고 있소. (중략)

이 모든 일중에 가소로운 부분은 공산당이 나를 수반으로 해서 정부를 조직한 일이오. 나는 그들에게 소련이 반공주의자라고 공격하는 마당에 내가 공산 지도자가 되었으니 큰 영광이라고 말하였소. 사람 이 모여들고 있으니 이만 줄이오."

이 글은 10월 21일 이승만이 로버트 올리버 교수에게 보낸 편지다.

그 닷새 전 10월 16일 이승만은 미군 군용기를 타고 김포 비행장에 내렸다. 1946년 여름이 되면서 미국의 서울 특파원들은 심술궂게 조롱했다.

"북한에서 소련은 야생마로 달리고 있는데, 남한에서 미국은 호랑이 꼬리를 잡고 도망 칠 방법을 못 찾고 있네."(로버트 올리버 저『대한민국 건국대통령 이승만』p.241)

이 비유대로 남한 군정사령관 하지 중장은 미국정부 정책과 남한 정치세력 사이에서 갈피를 못 잡고 있었다. 미국 정부 지시사항은 오로지 질서유지와 소련과의 교섭을 계속하라는 것뿐이었다. 특히 이승만의 강력한 반소反蘇노선에 부딪쳐 우왕좌왕하는 형편이었다.

"이승만은 한국에서 유일하게 위대한 정치가지만 러시아에 대한 그의 공격 때문에 미국 정부는 이승만을 어떤 형태로도 정부수립에 참여시킬 수 없습니다. 지금 러시아의 협력 없이는 한국문제 해결이 불가능해요. 제발 당신이 이승만을 설득하여 러시아 비판을 중단시켜 줘야겠소."

하지 장군의 초청을 받고 서울에 날아온 로버트 올리버 교수에게 하지 장군은 애원에 가까운 부탁을 했다. 좌우합작을 결연하게 반대하는 이승만의 입을 막아달라는 것이 올리버 교수를 초청한 목적이었다. 올리버 교수는 1942년부터 이승만의 미국망명정부격인 '구미위원회' 정치고문을 맡아서 이승만과 친분이 두터웠기 때문이다. 이승만의 신념은 평생의 체험으로 다져진 확고한 것이었다.

조선 왕조 때부터 러시아의 한국에 대한 야욕은 오래된 것이라는 역사적 증거들, 현재 동구권을 점령하여 좌우합작으로 위성국을 만들어가는 것, 남한에 소련을 받아들이라는 것은 독립을 포기하고 소련의 위성국이 되라는 것과 같다는 설명 끝에 이승만은 물었다. "내가 어떻게 하라는 겁니까? 이제 와서 개인적인 자리에 연연하여 한국을 러시아에 넘길 공모를 하라구요? 그건 노예의 길입니다. 나를 잘못 보았습니다. 소련의 침략을 막을 나라는 미국뿐인데 이런 식이라면 미국이 가장 많은 시련을 겪게 될 것입니다."

그리고는 프란체스카 여사를 바라보면서 웃었다. "내가 조국을 위해 하는 일이 끝장이라면 우리는 언제라도 시골 가서 닭장이나 돌봐야지요."

'좌우합작위원회' 공동의장에 김규식과 여운형을 지명한 하지는 '과도입법위원회'를 구성한다며 남한 각지 대표 45명을 선출하였다. 선거 결과는 43명이 이승만과 김구 지지자들이었다. 즉각 하지는 전원을 자기 뜻대로 지명한 관선의원으로 바꿔버렸다. 이에 항의하는 이승만에게 하지는 "이승만의 권력 장악은 결코 용서하지 않겠다. 협조안하면 파멸이 있을 뿐"이라고 선언했다.

이때 김구는 "임시정부야말로 유일한 합법정부이므로 차제에 '임시정부의 주권선언'을 하자"고 주장했다. 이것은 김구가 주석인 임정이 새 정부를 장악해야 한다는 오랜 구상을 표면화시킨 것이었다. 이승만은 원칙적으론 찬성한다면서도 그러면 미국정부는 물론 소련과도 정면대결하게 되니 고립화를 자초하는 무모한 짓이라고 만류했다.

이승만은 12월 1일 다시 미국행 비행기에 올랐다. 하지의 미군사정부와 불가능한 협력을 추구하기보다 미국 의회와 지도층에 호소할 계획이었다. 하지는 자신을 제치고 워싱턴에 간다는 이승만에게 "충격적이오!"라고 분노했다.

이승만이 출국하자 하지는 김규식을 중심으로 신탁통치 찬성운동을 촉구했지만, 과도입법의원도 '신탁반대' 결의안을 통과시켰다. 유일한 반대표를 던진 안재홍은 즉각 미군정 행정관으로 발탁되었다.

하지에게 따돌림 받던 이승만은 미국에서 우호적인 환영과 대한민국 수립 '6개항' 제안도 큰 호응을 얻었다. 군정장관으로서 하지의 실패 역시 워싱턴에서는 공감대를 이루고 있었으며, 지난 2월 소련이 북한에 설치한 '임시인민위원회'가 북한 단독정권이라는 인식이 분명해졌다. 게다가 소련이 남한 침공목적으로 50만 북한군을 편성하고 있다는 서울의 정보가 날아들어 미 국방부를 위기감으로 몰아넣었다.

1947년 3월 31일 이승만은 워싱턴 수송사령부에 나가 다음날 아침 8시에 출발하는 수송기를 타려고 도쿄까지 운임 900달러를 지불했다. 그날 저녁 국방부 차관실에서 탑승허가를 취소한다는 전화를 받았다.

이승만의 귀국 허가는 미 군정청 소관으로 국무부가 주선하고 국방부는 군용기를 준비하기로 했는데, 갑작스런 취소 이유를 묻자 "이박사의 귀국이 사령부 군용기를 배정할 만큼 중요한 사안이 아니다"라고 대답하는 것이었다. 알고 보니 귀국취소는 국무부 고위층의 지시라고 했다. 국방부는 '취소 변경불가'를 통보해왔다.

힐드링 국방차관은 유감을 표시하고, 대신 노스웨스트 항공편에 이승만과 장기영 비서 좌석을 마련했다고 알려왔다. 노스웨스트가 일본 정기노선 개설준비로 4월 5일 미네아폴리스를 출발하는 시험비행 편이 있다고 했다.

하지 장군이 발행한 군정청 여행허가가 취소되었기 때문에 한국 재입국이 허용될지도 모르는 채 이승만은 노스웨스트기를 탔다. 도쿄에서 상해를 경유해 장개석 총통과 회담하기 위해 난징南京으로 갔다. 이승만의 귀국은 4월 중순이 지나도 허락되지 않았다. 다음은 4월 19일자 이승만의 편지.

"장개석 총통부처가 달려 와서 참으로 즐겁고 유익한 얘기를 나누었습니다.

총통은 나의 서울행을 위해 착륙허가만 얻으면 자기 전용기를 제공하겠답니다. 한국에 전보를 보냈더니 하지 장군은 중국영사관을 통한 총통의 공식요청이 필요하다고 한답니다. 중국정부는 곧바로 전문을 보냈는데 이번엔 항공기 인식번호를 확인한 허가서를 받아야 한다는 것입니다. 나는 도저히 참을 수 없어 맥아더 장군에게 전보치려 했습니다. 그러나 오늘 오후 중국 외교부의 공식 연락을 받았습니다. 21일 일요일 9시에 출발한답니다. 이제야 귀국길이 열린 것 같습니다."

5개월 만에 서울에 돌아와 보니 상황은 급박하게 돌아가고 있었다.

하지 장군은 김규식을 중심으로 좌우합작 작업을 추진하고 있었고, 그보다 더 치명적인 일은 여태까지 어렵게 협조해 오던 김구가 독자 노선을 결심해버렸기 때문이다. 김구는 또 다시 '임시정부의 주권'을 당장 선포할 것을 들고 나온 것이었다. 이미 5년 전 충칭 임정 때 공산당 각료들을 영입한 김구는 임정이 바로 좌우연립정부이므로 미소 협의를 무시한 채 정권을 출범시켜도 된다는 주장이었다. 애국심과 용기는 추종을 불허하지만 국제정세에 너무나 무지한 김구. 한국문제가 동유럽이나 중국정세와 직결되어있는 미·소의 이해관계를 도무지 이해 못하는 김구를 달래느라 이승만은 두고두고 진땀을 빼야했다. 한편으로 하지와의 끝없는 대결은 갈수록 파국으로 치달았다.

미·소 공동위원회의 결과를 기다려라, 좌우합작을 끝까지 거부하면 당신은 제거된다. 압력과 협박은 계속되었다. 하지는 이승만을 가택연금 상태로 몰아넣었다. 아예 이승만의 입을 막으려는 것이다. 전화기는 철거되었고 모든 편지는 미군정의 검열을 거친 뒤에야 배달되었다.

이승만을 찾아오는 국내외 저명인사들은 미군정의 방해 때문에 우여곡절 끝에 겨우 만날 수 있었다. 이승만이 주기적으로 해오던 라디오 방송도 금지되었다. 요컨대 외부 국민과의 모든 접촉수단은 완전히 제거된 것이었다. 이때 이승만은 두 차례 암살 미수를 당하는데 운 좋게도 화를 면한다. 부엌에 설치한 시한폭탄이 폭발 직전에 발견된 것이다. 잠자다가 폭살될 뻔한 이승만. 범인을 잡고 보니 바로 돈암장 경비 경찰관이었고 공산당 프락치로 밝혀졌다.

또 한 번은 돈화문 부근에서 이승만의 차량에 누군가 권총을 쏘고 달아난 사건이다. 급기야 돈암장의 주인 측에서 '집을 비워 달라'는 통고가 왔다. 누구의 무슨 압력을 받은 것인가. 해방 후 귀국하여 조선호텔서 잠시 머물다가 윤치영 등의 주선으로 입주한 돈암장을 비워야한다면 당장 어디로 가란 말인가.

어렵게 구한 집은 원효로 언덕바지 조그만 일본주택이었다. 한강이 발 아래 흘러가는 총독부 정무총감의 여름별장 '마포장'은 오래 비워둔 탓에 문짝이 떨어지고 수돗물도 나오지 않아 물지게로 물을 날라 청소하고 입주했지만 불편한 것이 한두 가지가 아니었다.

할 일이 없어진 이승만은 손수 망치질 하고 대패질도 하고 집을 수리하며 시간을 보냈다. 너무 협소한지라 이삿짐도 다 풀지 못한 채 지내는 칠순 노부부를 보다 못한 측근들이 다시 나섰다.

이승만의 열렬한 후원자 가운데 황온순 여사가 있었다. 휘경학원의 설립자이며 원불교 종사를 지낸 황 여사의 집이 낙산駱山 아래 기와집 '이화장梨花莊'이었다. 황 여사는 미국서 영화화된 유명한 '전송가 Battle Hymn: 戰頌歌'의 여주인공 모델이다. 6·25 전란 중에 수많은 고아들을 거두어 돌본 고아들의 어머니, 1·4후퇴 때 이승만에 부탁하여 서울에 있던 고아 3,000명을 미군 수송기로 안전한 제주도까지 후송해 키워낸 천사다. 인기 스타 록 허드슨이 주연한 영화에서는 미 공군 헤스Hess 대령의 고아 수송 작전 등 자전적 휴머니즘이 초점이지만 진짜 숨은 주역은 황 여사다.

1947년 가을, 황 여사가 집을 내놓고 지지자들의 도움으로 이승만은 '피난살이' 석 달 만에 마포장을 떠나 이화장으로 옮긴다. 첫 내각을 구성한 '조각당組閣堂' 등 이승만의 발자취와 유물이 가득한 이화장이야말로 대한민국 현대사의 생생한 보물이다. 세계인들에게 내보일 만한 건국대통령 기념관은 언제 어디에 세울 것인가?

|이승만과 반공의 당위성|

남북공산당,
전국서 테러·폭동·양민 학살

유동열 |치안정책연구소 안보대책실 선임연구관|

해방직후 혼란한 국내 상황

1945년 8월 15일 해방공간에서 제일 먼저 정치활동을 재개하며 대처한 세력이 바로 조선 공산주의자들이었다. 일제하에 투옥되었던 공산주의자들이 대거 석방되었고 또한 일제의 극심한 탄압으로 지하에서 활동하던 공산주의자들이 즉각 활동을 재개하였다. 당시 공산주의자들의 목표는 조선공산당의 재건과 함께 공산주의 실현을 위한 '인민정권 수립' 투쟁으로 집약된다.

그 결과 서울파의 정백, 이영과 화요회의 이승엽, 조동우, 상해파의 서중석 등이 주축이 되어 8월 15일 밤 서울 종로구 장안빌딩에서 조선공산당을 결성하였다. 이를 '장안파 공산당'이라 칭한다. 그러나 조선공산당의 공식적인 재건은 박헌영의 주도로 콤그룹과 화요회 핵심인사들로 '조선공산당 재건준비위원회'를 구성하여 장안파를 와해시키고 1945년 9월 11일 '8월 테제'(현정세와 우리의 임무)를 당 강령으로 삼고 공식적으로 조선공산당을 출범시킨 것이다.

조선공산당은 강령에서 "프롤레타리아의 독재를 통하여 조선노동계급을 완전히 해방함으로써 착취와 압박이 없고 계급 없는 공산주의사회 건설을 최후의 목적으로 한다"라고 명시하여, 그들이 조선에 공산주의사회 건설을 목표로 하고 있음을 명백히 하였다. 해방직후 남한에는 박헌영 주도의 조선공산당 외에도 연안파의 지도를 받는 백남훈의 조선신민당 남한지부, 여운형 주도의 조선인민당 및 군소그룹으로 좌익세력들이 분파되어 있었다. 이들 세력은 후에 우익진영에 대항하여 40여 개의 좌익단체들이 모여 조선민주주의 민족전선이라는 좌파 통일전선체를 형성하기도 했다.

이렇게 분파된 남한 내 공산주의세력들은 소련의 지시에 의해 북한의 공산주의세력이 결집하여 1946년 8월 북조선노동당(약칭: 북로당)을 결성하자 이에 대응하여 박헌영 주도로 기존 3당 세력을 흡수하여 1946년 11월 23일 남조선노동당(약칭: 남로당) 결성하게 된다. 1949년 6월 30일 남로당은 북로당과 통합하여 조선로동당을 결성하게 되면서 남북한 공산세력은 표면상 총결집된다.

이시기 좌익세력들은 대다수 국민들의 자주독립국가 건설의 여망을 저버리고 소련의 지령에 따라 찬탁운동을 벌이는가 하면 북한 공산세력의 사주에 따라 대한민국 정부수립을 방해하고 인민정권을 수립하기 위해 각종 테러, 방화, 총파업, 유격전, 무장폭동 등을 자행하여 매우 혼란한 사회상이 연출되었다.

해방 후 공산세력(좌익 및 북한)의 파괴공작 사례

1946년 5월 미소공동위원회가 결렬되자 합법적인 투쟁으로는 남한에서 공산정권 수립이 어렵다고 판단하고 투쟁 형태를 폭력투쟁으로 전환한다. 1946년 '조선정판사사건'으로 1946년 7월 공산당이 불법화되자 박헌영은 소위 '신전술'을 발표하고 각종 테러, 방화, 총파업, 폭동사건을 일으키며 비합법 폭력투쟁을 전개하였다. 좌익세력들은 1946년 국립서울대학교 신설안 반대투쟁(일명 국대안 사건), 9월 총파업, 10월 대구폭동사건, 48년 2·7폭동, 제주 4·3폭동, 5·10 총선반대투쟁, 여순반란사건 등 무장폭력투쟁을 일으키고, 지리산 등에서 무장유격투쟁(빨치산)을 전개하여 수많은 인명을 살상하는 등의 반민족적 행위를 자행하였다.

대표적인 좌익폭동 등의 사건을 소개하면 다음과 같다.

첫째, 조선 정판사 위조지폐사건. 조선공산당이 당 자금을 마련하기 위해 1945년 10월부터 조선정판사라는 인쇄소에서 당시 1,200만원 상당의 위조지폐를 제조, 조선공산당 재정부장 이관술(40세)에게 제공하여 공작자금으로 사용하다 적발된 사건이다. 이 사건으로 백원권 불신사태, 진폐-위폐교환 사태, 매점매석 풍조 등이 야기되어 극도의 경제혼란이 초래된바 있다.

둘째, 국대안國大案 반대사건으로 약칭되는 '국립서울대학교 신설안 반대사건'이다. 1946년 8월 23일 군정령 제102호로 국립대학교 시행령이 발표되자, 조선공산당이 좌경교수 및 좌경학생 등 학교 내 조직을 총동원하여 '국립 서울대 신설안'을 반대한 사건이다. 당시 서울대 및 일부 사립대 등 전국 57개교 4만여 명이 동맹휴학 및 시위에 동참하였는데, 심지어 중학교까지 동참하는 등 사회혼란이 가중된바 있다.

셋째, 9월 총파업사건. 1946년 9월 23일 북한의 지령에 따라 박헌영과 조선공산당의 외곽조직인 전평(조선노동조합 전국평의회) 중앙위원장 허성택의 지도로 서울철도공작창 종업원 3,700여 명이 '철도종업원 대우개선투쟁위'를 결성하여 처우개선이라는 미명 하에 좌익총파업을 감행한 사건이다. 이 파업은 조선공산당 전평 총파업지도위원회의 지령에 따라 남한전역에 걸쳐 철도, 통신, 출판계 등 생산업체의 파업으로 확산되어 사회혼란을 가중시켰고, 대구 10월 폭동의 도화선이 되었다.

넷째, 대구 10월 폭동사건. 국내 좌익3당(조선공산당, 조선인민당, 조선신민당)의 합당(남조선노동당, 1946년 11월 23일)을 앞두고 공산세력의 역량확장을 기할 목적으로 1946년 10월 대구 등 영남일대에서 자행한 좌익폭동사건이다. 9월 총파업으로 사회혼란이 조성되자 조선공산당 대구시당위원장 손영기, 전평 경북위원장 윤장혁 등의 주동으로 약 3,000여명의 노동자를 동원하여 1946년 10월 1일 대구 시청 광장에서 식량증배, 임금인상 등을 명분으로 폭동을 일으켜 대구 등 영남지역 일원에서 관공서, 경찰서 점거, 방화, 경찰관 및 우익인사 살상 등을 11월까지 자행하여 83명 사망(경찰 39명, 민간인 44명), 부상 87명(경찰 31명, 민간인 56명), 30여 억원(당시 화폐)에 이르는 재산손실을 입혔다. 이 사건은 조선공산당원들이 경찰이 양민을 무차별 학살했다고 허위사실을 계획적으로 유포하여 민심을 자극하여 폭력투쟁을 선동한 폭동사건이다.

다섯째, 2·7폭동사건. 1948년 2월 7일 남로당 지령 하에 남한 전역에서 일어났던 좌익무장폭동사건이다. UN의 결의로 한국에 파견된 'UN임시한국위원단'의 활동(5·10총선거 실시, 단독정부 수립)을 방해하기 위해 민전(조선민주주의민족전선)과 남로당 전평 산하 좌익계 노동자들이 2월7일을 기해 파업, 동맹휴업, 철도 기관차 파괴, 경찰관서 습격, 살인, 방화 등의 폭동을 일으켰다. 폭동은 2주 동안 전국에 걸쳐 진행되었다. 폭동 참가 인원은 약 200만 명이며, 이 과정에서 사망한 사람은 100여 명, 투옥된 사람만 해도 8,500명 정도였다.

여섯째, 제주 4·3폭동사건. 1948년 4월 3일 제주도에서 5·10선거를 반대한다는 명분하에 남로당의 사주로 발생한 좌익무장폭동사건이다. 남로당 제주당위원회 조직부장 겸 군사부장, 인민해방군 사령관 김달삼 주도로 군 침투조직인 국방경비대 제11연대 문길상 중위 등이 폭동을 계획하여, 1948년 4월 3일 새벽2시 제주전역에서 350여 명의 무장대를 포함한 1,500여명이 동원되어 12개 경찰지서 및 우익인사들에 대한 살인, 테러, 방화 등을 일삼았다. 이로 말미암아 제주 전역에 행정기능이 마비되는 등 심각한 치안교란상태가 지속되었다. 1948년 5월 15일 1단계 진압작전이 마무리되어 소강상태에 접어들었으나, 좌익분자들의 재공세로 폭동을 완전히 진압하는데(1952년 11월말) 만 4년이 걸렸다. 동 사건의 인적피해를 보면, 제주 4·3특별법에 의한 조사결과 사망자만 14,000여 명(진압군에 의한 희생 10,955명, 무장대에 의한 희생자 1,764명 및 기타)에 달한다. 특히 진압작전 중 사망한 군인은 180여 명, 사망 경찰관은 140여 명이다. 또한 이 사건으로 제주도에서는 북제주군 2개 선거구(갑구, 을구)가 1948년 5월 10일 총선거를 실시하지 못하고, 1년 뒤인 1949년 5월 10일에서야 선거를 실시할 수 있었다.

일곱째, 5·10단독선거반대투쟁. 1948년 2월 26일 유엔총회에서 '선거감시가 가능한 지역' 즉 남한에서만 5월 10일 총선거를 실시하기로 결정하자, 북한은 남로당에 대대적인 선거방해공작을 전개토록 지령하였다. 동년 3월 30일부터 선거운동이 시작되자 선거사무소 습격, 방화, 선거입후보자에 대한 테러, 경찰관서 습격, 살상 등 전국에서 폭동을 전개하였다. 이의 연장선에서 제주 4·3폭동사건이 발생하였다. 5월 10일 선거당일에는 최후의 결정적 파괴공작도 전개하였다. 피해실태를 보면 선거사무소 습격 134회, 경찰 등 관공서 습격 301회, 테러 612회, 경찰관 살해 51명 등 203명 살인, 방화 103건, 도로교량 48회 피괴, 기관차 파괴 71량, 객화차 파괴 11량, 철도노선 파괴 65건, 전화선 절단 541건 등이다.

여덟째, 여순주둔군 반란사건. 1948년 10월 여수와 순천지역에서 발생한 군사반란사건이다. 제주 4·3폭동을 진압하기 위해 제주 출동명령을 받은 여수 주둔 제14연대 내의 남로당 조직책인 지창수 상사(연대 인사계)가 주도하여 김지회 중위(대전차포 중대장), 홍순석 중위 등을 조종하여 '경찰타도, 동족상쟁 제주출동 반대, 남북통일 실현, 북조선 인민군의 남진' 등의 기치를 내걸고 반란군 3,000여명, 여수지역 남로당원 600여 명이 1948년 10월19일 22시경 반란을 일으켜 경찰관서 및 관공서를 습격하고 20일 상오 여수를 점령한 다음, 하오 순천까지 점령하고 고흥, 벌교, 보성, 광양 등까지 세력을 확대하여 온갖 약탈을 자행한 반란사건이다. 반란군은 여수·순천에 인민위원회를 조직하고 인민공화국기를 게양하며 우익인사, 경찰관 가족 등을 색출하여 500여 명을 집단 총살하는 만행을 저질렀다. 또한 은행 및 금융조합에서 수천만 원에 달하는 거액의 현금과 재산을 약탈하였다. 군-경 토벌대의 진압작전으로 1948년 10월 26일 거의 소탕되었으나, 김지회, 홍순석 등 지휘부와 잔존세력들 1,000여 명은 지리산과 백운산으로 도피하여 빨치산투쟁을 지속하였다. 여수·순천사건의 결과 군 내부의 공산주의자들이 대규모 숙청되는 이른바 숙군작업이 이루어졌고, 이 사건을 계기로 1949년에는 국가보안법이 제정되었다.

이외, 남로당 국회프락치사건(1949) 등이 발생하였다. 또한 남로당은 야산대野山隊를 조직하여 지리산, 태백산 등 전국에 걸쳐 유격활동을 전개하였다. 북한은 1948년 11월부터 1950년 3월까지 10회에 걸쳐 약 2,400여 명의 무장공비를 침투시켜 살인, 파괴, 약탈행위를 자행하였고 이로 인해 양민 10,100명 학살된바 있다.

대한민국의 건국과 호국을 위한 이승만의 대응: 반공노선
국내 좌익 및 북한 공산세력의 집요한 대한민국 정부수립 반대투쟁을 극복하고 드디어 우리는 1948년 8월 15일 대한민국 정부를 수립하게 된

다. 초대 대통령으로 취임한 이승만은 공산세력의 폭동 등으로 인한 사회 혼란과 안보위협을 효율적으로 제어하고 치안질서 유지 및 사회안정을 확보하기 위해 1948년 12월 1일 '국가보안법'을 제정하였다.

'형법' 제정(1953년)보다 앞서 법률 제10호로 국가보안법을 시급히 제정한 이유는 그만큼 당시 국내 정치사회상이 공산세력의 준동 등으로 매우 혼란했기 때문이다.

해방직후 건국, 호국에 앞장선 이승만대통령은 '반공反共'을 국시로 내세웠다. 그 이유는 소련 및 북한 국내 좌익 등 공산세력의 파괴공작으로부터 천신만고 끝에 수립한 신생 대한민국을 지켜내야 했기 때문이다. 이러한 이승만대통령의 반공정책이 매우 적절했음은 1950년 북한공산집단이 자행한 6·25불법남침전쟁에서도 확인된다.

1980년대 이른바 민주화 공세 이후 '반공'을 부정시하는 풍조가 우리사회 일각에서 아직도 당연시 되고 있음은 매우 우려스러우며 문명국가로서 매우 부끄러운 일이다. 반공이 무엇인가? 공산주의를 반대하자는 것 아닌가?

공산주의가 마르크스-엥겔스의 공산당선언(1848년)으로 인류사에 태동하고 이를 바탕으로 1917년 인류최초로 러시아혁명이 성공하여 70여 년 동안 전 세계 절반정도의 국가가 공산주의노선을 채택하여 실험해왔지만, 1990년대 들어서 공산주의 종주국인 소련을 비롯한 거의 대부분 국가가 몰락의 길을 겪은 역사적 사실에서 공산주의라는 정치 이데올로기가 전 인류에 대한 사기였으며 허구적 정치이념이라는 것을 명백히 입증해주었다. 공산주의는 그들 스스로 자랑스럽게 선전하는 역사의 주인이라는 노동자를 노예로 전락시키고 새로운 지배세력인 노멘클라투라Nomenklatura라는 공산당 특권관료층이 절대 지배자로 등장하며 개인의 존엄과 인권을 억압, 착취, 파괴하며 계급갈등과 폭력혁명을 부추겨 현대문명사에 갖은 해악을 끼쳐왔으며 이의 패악을 굳이 열거하지 않아도 될 만큼 역사적 사실에서 확인되고 있다.

따라서 우리 사회에 공산주의사상과 이를 추종하는 세력인 공산주의자와 공산주의를 건설하겠다는 전위조직인 공산당이 존재하는 한 우리는 반문명적인 폭압적 혁명론인 공산주의에 대항해야 하는 것이다. 이것이 대한민국의 헌법이념인 자유시장 경제원리와 자유민주주의 노선을 유지, 발전시켜야 하는 대한민국 국민의 기본 의무인 것이다. 사안이 이런데도 우리사회 일각에서 반공을 수구 꼴통시하고 반통일·반평화적인 양 매도하는 것이야 말로 바로 반평화적이며, 반민주적이고 반민족적이며 반문명적 반이성적인 행위인 것이다.

만약에 이승만대통령이 공산세력의 파괴공작 등 폭력공세에 반공과 국가보안법으로 대처하지 않았다면 6·25남침전쟁 전에 대한민국은 공산화되었을 것이다. 한마디로 대한민국의 자유민주주의 발전사는 공산주의와의 싸움에서 우리 체제를 지켜낸 반공투쟁사라고 단언할 수 있다. 반공노선이 아니었으면, 건국 당시 세계 최빈국의 대한민국이 오늘날 세계 12위권의 강국으로 우뚝 서지 못했을 것이다.

북한과 종북 좌익세력들이 인류문명사와 한국현대사를 호도하여 이승만 대통령과 정권과 대한민국을 폄하하고 있지만, 이는 한반도에 공산정권을 수립하려는 대한민국 체제부정 및 파괴활동의 일환임을 지적하며 다시 한 번 건국대통령 이승만의 애국지정을 떠올려 본다.